新型学习空间中的教与学研究

赵瑞军 陈向东 著

经济日报出版社

图书在版编目（CIP）数据

新型学习空间中的教与学研究 / 赵瑞军，陈向东著
. 一北京：经济日报出版社，2022.9
ISBN 978-7-5196-1148-4

Ⅰ.①新… Ⅱ.①赵… ②陈… Ⅲ.①信息技术－应
用－教学研究 Ⅳ.① G434

中国版本图书馆 CIP 数据核字（2022）第 128552 号

新型学习空间中的教与学研究

著　　者	赵瑞军　陈向东
责任编辑	门　睿
责任校对	范继义
出版发行	经济日报出版社
地　　址	北京市西城区白纸坊东街 2 号 A 座综合楼 710（邮政编码：100054）
电　　话	010-63567684（总编室）
	010-63584556（财经编辑部）
	010-63567687（企业与企业家史编辑部）
	010-63567683（经济与管理学术编辑部）
	010-63538621　63567692（发行部）
网　　址	www.edpbook.com.cn
E－mail	edpbook@126.com
经　　销	全国新华书店
印　　刷	三河市龙大印装有限公司
开　　本	710×1000 毫米　1/16
印　　张	11.5
字　　数	164 千字
版　　次	2023 年 1 月第一版
印　　次	2023 年 1 月第一次印刷
书　　号	ISBN 978-7-5196-1148-4
定　　价	48.00 元

　　本文系浙江省高等教育学会 2021 年度高等教育研究重点课题"基于共享调节理论的智慧教室学习模式研究"（课题编号：KT2021019）阶段性研究成果，并受嘉兴学院第三期人文社科青年学术骨干和应用对策研究专项课题"智慧校园背景下面向场所感的学习空间重构"（课题编号：007JKY017）资助。

前　言

教室和校园的发展由来已久，其形态演变也相对固定。伴随着教育领域中的空间转向、新兴技术的迅猛发展，以及学习科学对"学习"理解的不断深入，学习发生的场所——学习空间成为新的研究热点。新型学习空间是技术与教育深度融合的重要体现之一，空间变革对教师的教学行为和教学决策有什么样的影响？空间变革对学生学习又有什么样的影响？新型学习空间应用效果如何评价？本书的主要内容就是围绕这些问题展开的。

早期的相关研究主要关注新型学习空间的设计与开发，本书主要围绕新型学习空间的实践应用策略及效果展开讨论。学习空间变了，教与学变了吗？本书在介绍学习空间概念及其应用策略的基础之上，以华东师范大学的新型学习空间为例，开展了系列实证研究。主要围绕新型学习空间应用策略、布局变化、教师教学行为变化、教师教学决策过程、应用效果评估，以及面向场所感的学习空间理论拓展等内容。

全书共7章，第1章概述了学习空间的现状与未来发展，并对典型的新型学习空间和虚拟学习空间案例进行了介绍。第2章则主要讨论了新型学习空间的策略转变带来的不同体验，重点介绍了思维可视化教与学策略和面向学生参与的应用策略。第3章主要以学生座位选择为切入点，阐述了空间重构过程中新型学习空间的布局变化。第4章重点介绍了新型学习空间中的课堂转型，详细阐述了教师的教学行为变化。第5章论述了教师对新型学习空间的适应与改变，重点研究了新型学习空间对教师教学决策行为的影响。第6章着重研究了新型学习空间应用效果的评估，审视空间变革的愿景与实效。第7章尝试进行了学习空间研究的理论拓展，重点阐述了面向场所感的学习空间及其促进策略。

研究的主要结论：新型学习空间中同样存在座位的黄金区域，其位置面对教师和白板(显示区域)方向呈三角形展开；在新型学习空间中教师讲授比例降低，小组教学运用更多，师生空间距离缩短；教师环境适应水平差异影响其对空间适用性的判断及教学决策，空间要素交叉影响教师决策；新型学习空间中，教师积极应用新型学习空间变革，学生主观满意并未带来实际行为参与的改变，空间结构布局比技术功能对教师和学生的影响更大；场所感可以为学习空间重构提供理论支持，学习空间研究可以从场所依恋、场所认同和场所依赖三个维度来促进学生的校园场所感，技术在信息收集、场所感营造、场所定位、信息呈现等方面可以有效促进场所感。这些结论为我们更好地理解新型学习空间中的教学和学生的参与现状提供了帮助，在改进空间运用、空间设计、技术融入和服务推广等方面提供相应的参考。

由于时间仓促，水平所限，书中内容虽经多次校对，但错误在所难免，敬请各位专家和读者批评指正，也欢迎对学习空间研究感兴趣的读者来信与我们进行深入交流（电子邮箱：赵瑞军 zhaoruijun1980@126.com，陈向东 chen_xiangdong@163.com）。

目　录

第 1 章

现状与未来：学习空间概述

Spaces are themselves agents for change. Changed spaces will change practice.

——Diana G. Oblinger

学习空间泛指学习发生的场所，教室、实验室、图书馆、操场、体育馆、食堂和宿舍等都是学习空间。如果把学习空间放在时间维度考察，古已有之，伴随着教育的产生而出现，从孔子杏坛讲学到古代庠序，从近代私塾到现代教室，与教育本身的发展一样，历经了几千年的变化。但在工业化生产背景下，学习空间的发展一度受到限制，学习空间囿于传统教室的形态。近年来，随着信息技术的发展，技术与教育的深度融合，借势"以学生为中心"，强调协作互动等教学理念的更新，技术支持的新型学习空间快速兴起，并迅速普及开来。本章对学习空间、新型学习空间、虚拟学习空间、典型的新型学习空间和虚拟学习空间案例进行了阐述。

1.1 学习空间

学习空间我们并不陌生，从我们最熟悉的教室和图书馆到走廊和宿舍，从物理空间到网络平台，但作为学术概念出现，就有必要对其概念的范围与边界，以及其常见类型进行说明。随着大家对学习的认识的不断深入，关于学习空间理解与建设也在发生着变化，打破传统的各种新型学习空间开始涌现。新型学习空间既是学习理念转变的体现，更是对新学习理念的践行。

1.1.1　学习空间的概念

学习空间概念的内涵和外延比较复杂，随着人们对"学习"和"空间"的理解的深入，其也在不断变化。从广义上讲，学习发生的场所，即校园范围内的各个场所都属于学习空间，但在强调终身学习的时代，城市里任何可以学习的地方都可以称为学习空间。从狭义上讲，学习空间主要指正式教与学发生的场所，即传统意义上的教室，但随着对非正式学习的关注，学习空间的边界正逐渐模糊，学习空间概念的外延也在不断扩展。

"学习空间"这一术语兴起于 20 世纪 90 年代[1]，在"学习空间"之前，人们通常使用"教学空间"来指代学习发生的场所，将有教学活动存在的场所均称作教学空间[2]。教学空间在物质形态上的特征包括大小、形状、空间的封闭或开放程度、空间调整组合的灵活程度等方面[3]，最典型的教学空间就是传统教室。传统教室是教育为社会发展作出巨大贡献，同时又是备受现代研究者诟病的发明。之所以备受诟病，是因为传统教室长期形成的结构布局已经远远跟不上教与学理念的更新，不能适应经济社会发展对人才培养的需要。

传统教室具有位于前方的讲台、行列式（秧田式）桌椅布局、清晰的前后方向之分等特征，主要用来开展面对面的教学活动。这一切是出于传统教育固有的预设，Chism 和 Bickford 列举了一些典型的预设[4]：① 学习只发生在课堂；② 学习只发生在固定时间；③ 学习是个人行为；④ 无论什么时间、地点，课堂上总是发生类似的事情；⑤ 教室总有前后左右；⑥ 学习需要封闭的空间，要排除一切干扰；⑦ 教室是有弹性的，可填充更多的椅子和桌子；⑧ 学生们年轻不懂事（他们将破坏或盗窃昂贵的家具，他们需要坐在扶手椅上，使得他们感觉像是学生，他们都年轻、灵活，并且没有残疾)；⑨大房间里必须要有音响，目的是为了听得清楚。

很显然，这些预设是服务于传统的以教为中心的教学理念的，空间仅仅是开展正式教学的地方，空间对学习的影响不大，形态也相对固定。但随着时代的进步、社会发展对人才需求的重要转变、教与学要转向学生的学习，加之信息技术与教育的深度融合，人们对"学习"的理解越来越深入，学习空间的概念发生了重要变化。2011 年，美国学习空间杂志（Journal of Learning Spaces）编委会给出定义，学习空间旨在支持、促进、激发或增强学习和教学，包括正式、非正式和虚拟环境的学习空间[5]。正式的学习空间包括报告厅、实验室、传统教室等；非正式的学习空间包括学习共享空间、多媒体沙盒、住宅学习区、小型会议室等；虚拟学习空间包括学习管理系统、社交媒体网站、在线虚拟环境等。

可见，学习空间杂志的这个定义更强调学习空间的功能或设计意图，说明学习空间是为了支持、促进、激发学习和教学，充分肯定了空间在教与学过程中的重要地位。空间不仅仅是提供场所，更重要的是通过空间来促进学习，同时就学习空间进行了分类。过去，我们更多关注正式的物理学习空间，未来，我们要更多关注虚拟的和非正式的学习空间。

1.1.2 技术增强的学习空间

技术增强的学习空间（Technology-enhanced Learning Space）是指为了激发学生的学习兴趣，支持师生间和学生之间的交互，鼓励学生参与，最终达到学生的深度学习、泛在学习和个性化学习而构建的用于学习的场所，它既是用于学习的物理空间与虚拟空间的有机耦合，又是包含了学习活动中各参与者心理作用的心理空间，还是由各种学习活动和事件构成的社会空间[6]。

这一定义突出强调了技术对空间的影响，准确地说是应用于空间中的信息技术，在促进学生学习过程中发挥了更重要的作用。同时指出未来的学习空间是一个物理空间和虚拟空间、心理空间与社会空间高度复合叠加的空间形态。借助信息技术的加持，相比于传统的学习空间，技术增强的学习空间具有设计人性化、布局灵活化、实时交互性、数据智慧化、边界模糊化等典型特征[7]。

(1) 设计人性化

技术增强的新型学习空间的设计更加人性化。与传统教室相比，新型学习空间在设计之初就开始关注人性化。新型学习空间强调"以学生为中心"的设计理念，注重需求导向，在设计阶段就邀请使用者积极参与，需求更加真实，功能更加实用。新型学习空间中的桌椅更加舒适，多块显示屏幕更加实用，信息技术运用更加便捷。人性化既是新型学习空间设计的原则，也是追求的目标，以师生为中心，让技术为人服务，充分运用技术赋能空间。

(2) 布局灵活化

布局灵活是技术增强的新型学习空间的最外显特征。与传统教室固定不变的秧田式排列相比，小组合作式的布局让人耳目一新，其不仅布局变化，更重要的是空间的灵活性，增强了空间的实用性。空间中的便捷桌椅可以让布局依教师的教学方法进行调整，增强了教师创新教学方法的主动性，同时也增强了空间利用率。

(3) 实时交互性

新型学习空间的实时交互性突显了信息技术赋能空间的威力。在传统教室中，限于空间的有限性，师生交互只能是问答式的言语交互，且不能做出即时、精准、全面的教学判断。信息技术的嵌入丰富了新型学习空间的交互形式、交互效率和交互深度。基于即时交互终端（平板电脑、手机等），教师不仅可以快速收集学生的学习状态数据，还可以根据学生的反馈快速进行教学决策。例如，基于雨课堂的课堂交互形式更加多样，单选、多选、弹幕、投稿、测验、投票、选人等丰富多样的交互形式调动了学生积极性，活跃了课堂气氛。

(4) 数据智慧化

课堂过程数据智慧化处理助力教师教学决策。课堂学习是一个过程，过程中所产生的数据记录了学生学习的进程。基于各种数据采集工具设备，一节课就是各种数据的集合，包括学生的课前预习情况、课堂互动情况、在线测验情况、课堂表现、作业完成情况等，这些数据就是以自动化的方式进行数据采集、分析、报告，是教师达到精准教学的依据。随着技术的进步，这些数据会越来越精准，分析报告会越来越全面。

（5）边界模糊化

新型学习空间中正式与非正式边界越来越模糊。由于人们对"学习"理解的转变，非正式学习在人们学习总量中所占的比重也越来越大。因此，支持非正式学习的非正式学习空间也越来越受到重视。以走廊、大厅、转角等为代表的非正式学习空间越来越受到学生的青睐，这些在以往容易被忽视的过渡空间，现在却发挥着重要作用。正式与非正式的学习空间之间的边界趋向模糊，整个校园就是一个学习空间连续体。

1.1.3 学习空间连续体

从宏观意义上看，校园中各种类型的教室、实验室、图书馆、办公室、学生宿舍、走廊、大厅、餐厅、林中湖畔、草坪等都是学习可能发生的地方，都属于学习空间的组成部分。因此，校园是一个从教室到草坪，与学习经验紧密联系的学习空间连续体[8]，如图1-1所示。各种类型的教室是用于支持结构化的、正式教与学发生的场所，而大厅、草坪、走廊则是支持非结构化的非正式学习空间，位于中间的则具有很大的灵活性，既可以支持正式学习又可以支持非正式学习。

学习空间连续体的框架，为我们更全面地理解学习空间、促进空间设计与改造、评价现有空间等提供了帮助。学习空间连续体反映了新型学习空间的一体化、多样化和开放性等特征。

（1）校园学习空间一体化

新型学习空间是校园各种场所集成的一体化空间，体现了对学习空间

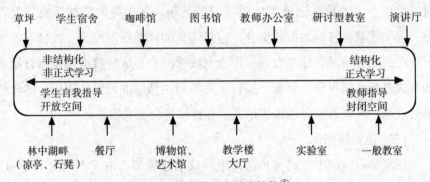

图1-1　校园学习空间连续体[①]

理解的全面性。校园空间的一体化不仅是各种正式与非正式的物理学习场所的一体化，还包括校园文化的一体化呈现，这些物理学习场所不仅为学习提供了支持，更是校园文化的载体。校园文化就是通过各种不同类型空间进行表达的，是环境育人的重要组成部分。同时，信息技术创设了功能强大的虚拟学习空间。虚拟学习空间是物理学习空间的拓展，是学校学习空间整体的组成部分。随着技术的发展，虚拟学习空间的功能和体验将越来越丰富。因此，新型学习空间是正式与非正式、物理与虚拟学习空间的一体化。

（2）校园学习空间多样化

新型学习空间应该提供多样化空间，为学生的各种学习需要提供支持。与传统的以教为主的教学不同，以学生为中心的理念强调培养学生的协作能力、动手能力、探究能力、解决问题的能力等，这就要求灵活多样的教学方式和满足不同教学方式的学习空间。既要有培养学生认知能力发展的教室、实验室等正式学习空间，又要有培养学生探究能力和自主学习能力的图书馆、博物馆等过渡空间，还要有培养学生协作能力、社交能力发展的休闲区、咖啡吧等非正式空间。因此，新型学习空间应满足不同形式的学习需要，提供尽可能多样化的学习空间。

---

①　图片来源：陈向东，许山杉，王青，等．从课堂到草坪——校园学习空间连续体的建构[J]．中国电化教育，2010（11）：1-6。

（3）校园学习空间开放性

新型学习空间应公平开放地面向所有学生，充分发挥空间使用效益。与传统做法相区别，提高新型学习空间的使用效率和使用效益是首要任务。引进了新技术、新设备、新家具的特色学习空间不应成为被保护的对象，只用于在特色展示场景，而应提高管理措施，建立预约使用制度，提高使用效率，真正发挥其功能。各种非正式学习空间也一样，不应人为设置限制使用的规定，相反，要鼓励学生利用不同类型的学习空间，鼓励教师创新不同的教学方式。因此，新型学习空间在设计和使用时，应对所有学生一视同仁，保证空间开放性，通过技术提高使用效率和效益。

1.1.4　学习空间隐喻

可以肯定的是，关于学习空间的研究是在教育理念从关注教师教向学生学的转变，技术深度融合于教育之后而出现的新的研究热点。此处所述的学习空间概念，不是力求概念表述上的精确概括，而是希望对学习空间有更好的理解，从某种角度讲，以下关于学习空间的隐喻更有助于我们理解它。

（1）学习空间可以促进学习和教学

显而易见，良好的空间设计、桌椅布局、便捷的信息技术应用有助于促进学生的学习和教师的教学。相反，笨重的桌椅、呆板的布局、拥挤的空间、烦琐的技术步骤、不智能的软件切换会影响和限制教师的教学和学生的学习。学习空间研究的首要问题就是以师生为中心，发现真实的空间需求，通过对相关物理特征和信息技术的有效设计，解决实际中遇到的问题，以促进学生主动学习和教师教学创新的发生。

（2）学习可以发生在任意场所

如前所述，社会发展需要不同类型的人才，多样化人才需求需要多元培养方式，不同能力的培养需要有多样化的学习空间支持。相应地，学习可能发生在任意场所，学校要从学习空间连续体的框架出发，设计提供不同类型的学习空间，为不同类型学习的发生创造可能。

（3）学习空间是技术泛化的空间

新型的学习空间是技术高度泛化的空间，信息技术是深度嵌入空间内部的。在当前及可预见的未来，信息技术和空间是不可分割的，不存在完全不使用技术的学习空间。这既是信息技术对社会、对教育的影响的体现，更是人类社会发展的必然趋势。学习空间研究的重点则是要关注如何更好地利用信息技术，用技术改造空间，以促进学习空间中的教与学更好地发生。

（4）学习空间是多重空间的复合

除了前面提到的"物理空间""虚拟空间""正式空间""非正式空间"，与学习空间相关联的概念还有"教学空间""交流空间""信息共享空间""心理空间""社会空间"等，显然这些不同空间概念的侧重点不同，但都与学习关系密切，也都具有学习的属性，未来的学习空间就是多重空间的交织与复合。在强调空间灵活性，关注空间利用率，拓展空间使用效益的同时，必然使空间具有多重功能与属性。

（5）学习空间是动态发展过程

学习空间没有固定形态，而是动态发展变化的过程。如同现在的学习空间与传统教室的差别，未来的学习空间也必将持续改进。由于社会发展对人才需求的规格会发展变化，推陈出新的新技术不仅改变着空间，更影响着人们对社会的认知方式，对教与学的理解也会随之变化，这些都决定着学习空间是一个持续动态发展更新的过程。

1.2　新型学习空间及其发展

新型学习空间成为新的研究热点并非偶然，21世纪学生学习特征的变化、学习科学中的空间转向，以及信息技术的飞速发展，共同促使各国政府与高校对学习空间加以关注，兴起了学习空间在理论与实践中的探索，涌现出了许多典型的新型学习空间实践案例。这些实践案例为学习空间的进一步研究与推广提供了有益的参考。

1.2.1 促进新型学习空间发展的主要因素

新型学习空间之所以又成为理论研究与实践探索的热点，主要受到使用对象特征变化、学习科学空间关照、信息技术快速催化等方面的影响。作为学习空间使用对象的学生特征的变化受社会发展对人类的影响，学习科学对空间的关照得益于研究者对"学习"的理解深度和广度，信息技术快速催化则昭示了技术对社会影响力在教育中的体现。

（1）21 世纪学习者特征的变化

21 世纪，人们已经步入知识经济时代，知识增长速度惊人，信息技术的飞速发展不断影响着社会的各个方面，包括人们的认知方式和行为习惯。这些特征进一步影响着教与学的发展，与传统学习者相比，新生代的学习表现出了以下特征[9]：① 数字化。新生代的学习者是天然的数字土著，手机、平板电脑等电子设备和各类电子游戏伴随他们成长，变成他们的生活方式而存在，他们对社会和对学习的认知方式必然会随之改变。他们变得渴望技术、依赖技术，这样的特征体现在教育中，大大加强了对技术增强型学习空间的需求。② 移动性。移动互联技术加速了人的移动性，手机、平板电脑、笔记本等便捷设备延长了人的感官，借助无线网络，学习、交流、协作可以随处开展，学习实现泛在化，催生了对非正式学习空间的需求。③ 独立性。新生代的一个关键特征就是可以根据自己感兴趣的主题主动进行探究性学习，这种具有内在动力的主动积极学习不但有趣，而且持久，加大对在线虚拟学习空间、图书馆、咖啡吧等适合独立开展学习的空间的需求。④ 社会化。网络化时代使得各种学习小组、学习共同体组建方便，而且社会化软件完全可以支持在线交流、互动方面的功能，促进协作，使得对某个主题的讨论不断深入，从而达到学习目的。新生代的社会化特征促进了对支持社交的空间的需求。⑤ 参与式。网络时代一个重要特点就是内容分享，像草根文化一样，低技术门槛使得每一个人可以参与内容的创建与分享，这个过程本身就是学习的过程。实践中，学习空间也应遵循这一特征，鼓励学生积极参与，引导学生通过做中学，培养学生动手解决问题的能力。因此，未来的空间应该支持学生参与的空间需求。

新生代的这些特征决定了他们看待社会的方式，同时也决定了他们的学习方式，而要适应学生的这些特征，学校就应根据这些特征提供对应的学习空间，满足不同类型的学习对空间的需求。

（2）教育研究中的空间转向

20世纪60~70年代，教育研究中开始出现一种新的转向。研究者指出，校园物理环境的设计与建设是对大学使命的补充和加强，校园不仅要反映和支持一般的学习过程，还应该反映居于其中的人的独特价值观和愿望[10]；著名教育家 Dewey 也指出，学校要与我们的社会生活保持有机联系，校园空间应该成为弘扬自由与个性的民主主义教育试验田[11]。"空间转向"形成于20世纪后半叶，强调打破运用时间进行叙事的单一形式，运用空间概念或空间思维去重新审视社会。所谓空间观念是指采用空间范畴认识和思考周围世界，使用空间架构来描述和表达观点，使用空间途径解决社会问题[12]。研究者对空间的关照使得教育研究还原真实场景，教与学的过程是由一幅幅空间场景构成的连续画面，而不是单纯的符号。教育中的空间转向充分说明了空间对学习的影响与作用。① 物理空间也是教材，传达着无声的、非语言的信息[13]，虽无声但有力量，通过校园空间表达着校园精神与校园文化。② 物理空间不能决定人们的行为，但会间接影响我们的行为，影响作用取决于个体如何对待和使用空间、空间的结构和规模限制或促进个体的体验[14]。③ 设计良好、环境友好的空间，使人心情舒畅、体验美好，融入感强，从而促进学习投入的发生[15]。④ 非物理性空间要素也会对人的行为产生相应的影响，包括空间布局（Layout）、人际距离（Proxemics）、位置朝向（Position）、密度（Density）、秘密性（Privacy）、界线（Boundaries）等[16]。

教育研究中的空间转向既为学习空间研究提供了理论观点，同时又推进了改造学习空间的实践探索。

（3）信息技术对教育的影响

信息技术的飞速发展对社会各个领域都带来了翻天覆地的变化，教育也不例外。信息通信技术的快速发展及其在教育领域的深度应用，已经使校园成为技术丰富的学习环境[17]。① 信息技术改变了人们的交互方式，从数字化学习、移动学习到泛在学习，技术改变着人与人、人与设备、人与现实世界的交互方式。② 信息技术促进深度学习，人人电脑的课堂环境不但提高了学生的参与度，而且促进了学习的广度和深度。③ 信息技术催生新的学习样态，自主学习、泛在学习、混合学习将成为富技术环境下的学习主流样态[18]。④ 信息技术在空间的泛化是未来发展趋势，技术的不断更新迭代，是一个持续的过程，学习空间也必然是一个更新迭代的过程，没有最好的状态，只有持续改进。

信息技术既是实现教育改革的工具和途径，又是改革的内容之一。信息技术与空间的深度融合直观体现了信息技术对教育的影响，进一步完善了学习空间的功能与作用，丰富了资源，增强了体验，促进了学习的发生，提高了学习的效率。

1.2.2 典型的新型学习空间案例

在学习空间发展过程中，涌现出诸多新型学习空间的典型案例，其中许多新型学习空间的设计模型与应用模式对学习空间的实践影响深远，起到了推广示范作用，如北卡罗莱纳州立大学的 SCALE-UP、麻省理工学院的 TEAL、爱荷华大学的 TILE、明尼苏达大学的 ALCs、麦吉尔大学的 TLSWG，以及我国华东师范大学的未来课堂、上海交通大学的智慧教室等，下面对这些典型案例进行简要介绍。

（1）北卡罗莱纳州立大学的 SCALE-UP

SCALE-UP（Student-Centered Activities for Large Enrollment University Physics）项目[19]的目标是创设一个能够鼓励学生与同伴、教师进行协作的学习环境；尽可能地使用探究学习、体验学习等教学方法，减少讲授式教学方法；帮助学生进行反思与分享，而非直接告知他们答案（见图1-2）。SCALE-UP 的学习空间主要有以下几个特征：

① 学生课桌采用圆桌方式排列，每张圆桌可以坐 9 人。

② 每张圆桌有 3 台电脑，每 2 人或 3 人共用 1 台电脑。

③ 教师的讲桌位于教室中央。

④ 学生座椅舒适，移动灵活。

⑤ 小组间空间宽敞，便于移动。

图 1-2   SCALE-UP 学习空间实景①

SCALE-UP 课堂成功的一个关键因素是教学模块的设计。SCALE-UP 教学设计的主要变化包括：课程目标不再强调传统的讲座或实验室方法，而是以小组活动为主，例如有形任务、可思考、实验室和小组解决问题；有形任务是学生进行实际测量或观察的短期任务，而可思考任务是可能需要估计或从网络上查找值的活动，但不需要观察；所有的问题足够困难，以至于学生们很高兴有队友可以提供帮助；教师要提前进行准备，以便在课程实施之前开发教学设计。

应用实践表明，SCALE-UP 可以在大班中提供理想的主动学习环境，并提高成功率、学生成绩和满意度。以往的实践评估结果显示：

① 图片来源：https://d32ogoqmya1dw8.cloudfront.net/images/sp/pkal/scaleup/scale - up_penn_ state-erie.jpg.

① 学生解决问题的能力得到提高。

② 他们的概念理解增加了。

③ 他们的态度更好。

④ 失败率（尤其是女性和少数民族）大幅降低。

⑤ "有风险"的学生在以后的课程中表现更好。

（2）麻省理工学院的 TEAL

TEAL（Technology Enabled Active Learning）项目[20]最初是为了解决物理课堂中到课率和通过率低的问题，目标是转变大学物理课程的教学方式，创建一个吸引人的、技术支持的主动学习环境，将讲座、模拟和动手桌面实验相结合的教学形式，以创造丰富的协作学习体验（见图 1-3）。除了具有 SCALE-UP 学习空间的圆桌布局和舒适座椅外，TEAL 学习空间还具有以下主要特征：

图 1-3　TEAL 学习空间示意图①

① 在四周墙壁上有显示屏幕，便于小组观看信息。

② 协作学习——学生在课堂上使用共享笔记本电脑进行小组学习。

---

① 图片来源：http：//web. mit. edu/edtech/casestudies/teal. html。

③ 与笔记本电脑的数据采集链接的桌面实验。

④ 通过笔记本电脑和互联网提供丰富的媒体可视化和模拟。

⑤ 激发学生和讲师之间互动的个人反应系统。

⑥ 配套的软件 iCampus 提供全套的 TEAL 软件工具、可视化、课程讲座、问题集、实验和概念问题。

TEAL 学习空间使用成功的关键在于对课程的设计，他们的课程设计基于以下前提：

① 师生互动是促进学习的重要因素。

② 学生之间的互动是另一回事。

③ 主动学习优于被动学习。

④ 亲身体验所研究的现象是至关重要的。

(3) 爱荷华大学的 TILE

TILE（Transform，Interact，Learn，Engage）项目[21]立足"转变""互动""学习""参与"，通过转变教学实践、生动互动、增强学习和增加教师和学生参与度来支持这些目标。TILE 是教师利用以学生为中心、积极学习的基础，为围绕教学法、实践和技术问题而建立的课堂。TILE 项目在校园内提供 10 间新型学习空间，内设 27～81 个座位。每个新型学习空间的技术特征不完全一样，其主要特征有（见图 1-4）：

① 圆桌布局，舒适座椅，移动灵活。

② 教师的讲桌位于中央，模糊师生边界，促进师生交互。

③ 使用笔记本电脑、平板显示器，支持小组协作。

④ 每组配备话筒等音响设备，支持小组意见分享。

⑤ 空间配有中央交换站，每组教师和学生可以分享信息到共享屏幕。

⑥ 可以书写的玻璃白板，支持小组团队协作。

⑦ 使用多台显示屏幕，支持不同方向的小组成员观看。

TILE 计划的重点是帮助教师创建交互式、以学生为中心和基于探究的

图 1-4　TILE 学习空间实景①

学习环境，挑战学生进行高阶批判性思维，鼓励和支持其协作和参与的主动学习。

（4）明尼苏达大学的 ALCs

ALCs（Active Learning Classrooms）项目[22]是在 SCALE-UP 项目和 TEAL 项目的基础上设计的，主动学习教室旨在培养互动、灵活、以学生为中心的学习体验。明尼苏达大学的 Robert H. Bruininks Hall 提供了 14 间 ALCs，这些教室可容纳 27~171 人，并且能够根据需求灵活地适应更大的教室（图 1-5 为其中一间 ALCs）。这些学习空间的主要技术特征如下：

① 平板显示投影系统。

② 最多九人的小组会议布局。

③ 使用中央教学站和学生提供的笔记本电脑进行操作。

④ 每组笔记本内容可以通过投影设备方便地投射到大屏幕上，进行分享。

⑤ 教师同样可以通过多屏投影分享自己的内容，保证各角度观看。

---

① 图片来源：https：//tile. uiowa. edu/sites/tile. uiowa. edu/files/styles/large/public/LIB%2010 40%20Classroom%201_ 1. JPG？itok＝4PVs1iKW。

⑥ 教室四周配有 360°玻璃表面标记板，以方便小组进行团队协作活动。

图 1-5　ALCs 学习空间实景①

ALCs 学习空间创建以学生为中心的综合性，采用灵活的设计和创新的施工技术。这些试点学习空间提供新的、创新的教室，展示新的、灵活的教室建设技术，并允许教师和学生体验和评估新的课堂设计和教学法。ALCs 学习空间的应用报告显示：

- 教师们抱有很高的期望和非常积极的态度，他们认为与学生距离更近，便于师生交互，由教学的"主导者"角色向"促进者"角色转变，迫使教师转变教学策略。
- 学生对 ALCs 的反应非常积极，对团队合作和协作项目非常有效，帮助他们感觉与教师的联系更紧密，尤其是与同学的联系，鼓励讨论并帮助他们感到积极和健谈。
- ALCs 为协作提供了轻松环境，小组布局是体验的关键，成员互相注视的事实立即改变了他们彼此之间的关系，改变了师生关系和生

---

① 图片来源：https：//roomsearch.umn.edu/rooms/1ad04cce-727d-450d-b6da-9b482b38ec27。

生关系。

- 学生对 ALCs 的清洁度、声学、照明、空间、舒适度和物理属性反应良好。

（5）麦吉尔大学的 TLSWG

TLSWG（Teaching and Learning Spaces Working Group）[23] 是麦吉尔大学教与学空间工作组通过制定和实施与大学战略方向相一致的教与学空间愿景来加强教与学的实践，其任务一是开发和维护以研究为基础的教与学空间设计原则、应用原则和标准，以确保教学空间的设计符合工作小组的理想。二是确定大学的教学空间需求：为新空间的创建设定优先级；为现有的空间设置优先级。根据既定的标准和程序，建议优先资助设立、升级和维修教学空间和其中的设备。

麦吉尔大学依据全国学生参与度调查（NSSE）结果，制定了设计或翻新教与学空间的 5 项原则。将这些原则转化为具体的设计特征来指导设计决策，使学习空间成为大学教学和学习愿景的物理体现。这 5 项原则为：① 学术挑战。学习空间应允许学生积极参与内容，并包含一系列支持多种教学模式的技术。② 与同行学习。学习空间应提供允许学生单独工作和相互协作的功能。③ 教师经验。学习空间应促进学生和教师之间的交流和互动。④ 校园环境。学习空间应与校园总体规划中反映的大学文化和优先事项保持一致，遵循大学设计标准，并在设计时考虑到未来的灵活性。⑤ 高影响力实践（HIP）。学习空间存在于更大的校园环境中，空间之间的过渡应该很容易，以便更好地支持课堂内外的高影响力实践。

该工作组基于以上原则，对本校的教与学工作进行了较大规模的改进与更新，改造后的学习空间焕然一新，包括阶梯式讲堂（Tiered lecture hall）、灵活性教室（Flexible flat classroom）、主动学习教室（Active Learning Classroom）。图 1-6 为主动学习空间的改造前后对比。

(a) 改造后

(b) 改造前

图1-6　TLSWG 主动学习空间改造前后对比①

(6) 华东师范大学的未来课堂

华东师范大学未来课堂（Fucture Classroom）项目[24]是华东师范大学"985 工程""教师教育创新优势学科平台建设"项目的研究课题之一，该项目自 2009 年启动，旨在探索新技术环境下，从空间布局、技术应用等方面设计并开发新型学习空间。未来课堂是相对于传统和现代课堂而言的，是在以人本主义、互动、环境心理学等相关理论和智能空间、云计算、人体工学等技术的支持下，以互动为核心，充分发挥课堂组成各要素（人、技术、资源、环境和方法等）的作用，实施教与学，以促进人的认知、技

① 图片来源：Finkelstein A，Ferris J，Weston C，et al. Informed principles for（re）designing teaching and learning spaces［J］. *Journal of Learning Spaces*，2016，5（1）.

能和情感的学习与发展的教与学的环境与活动。图 1-7 是未来课堂的一种典型环境，其主要特征有：

图 1-7　未来课堂实景①

① 小组布局，舒适桌椅，移动灵活。

② 每组 6 人，4~8 组设计，更有利于小班化协作学习的开展。

③ 每人配有平板电脑，方便信息的获取与分享。

④ 多块屏幕设计，可实现同屏、异屏、循环屏等多种显示效果。

⑤ 配套互动软件支持，增强课堂互动效果。

⑥ 运用物联网技术实现温度、窗帘、电脑、投影等设备与环境的一键控制。

⑦ 配套学习资源平台，包括资源模块、协作学习模块、教师教育模块、虚拟实验模块、心理测评模块等。

与国外的新型学习空间相比，未来课堂在功能设计与外观形势上有所继承，更有新的发展。一改国外早期的大班化教学设计，未来课堂的布局更倾向于小班化设计；还有多屏控制系统，可以实现同屏、异屏和循环屏等显示效果，更有利于学生思维的发展。

（7）上海交通大学的智慧教室

上海交通大学智慧教室项目基于互联网、物联网技术，集智慧教学、人员考勤、环境智慧调节、视频监控及远程控制于一体，旨在探索空间规

① 图片来源：https：//www. edu. cn/xxh/xy/jj/201508/t20150804_ 1297882. shtml。

划，建设新型现代化智慧教室系统[25]。项目自 2016 年开始建设，借鉴国内外智慧教室建设案例，采用对原教室进行升级改造的模式，至 2018 年改造完成 17 间不同类型的智慧教室（图 1-8 为部分改造后的智慧教室）。上海交通大学智慧教室的典型特征包括：

（a）U 形教室　　　　　　　　（b）分组教室

（c）旋转座椅　　　　　　　　（d）可移动桌椅

图 1-8　交大部分智慧教室①

① 多种布局类型，支持不同的学习需求。

② 智能设备控制，空调、灯光、多媒体一键控制。

③ 智能云端笔记，通过云端共享获得教师的板书，不用担心来不及记笔记。

④ Miracast 和 airpla 无线投屏，实现教师和学生的电脑、移动终端学习资源共享。

⑤ 高清录播系统，多个 4K 高清摄像头可自动跟踪教师的上课情况，对教师讲授的内容实行云录播，学生可随手"点播"录播视频查

_____

① 图片来源：https://etc.sjtu.edu.cn/classroom/index.html。

看"回放"。

⑥ 借助智慧教室里的远程交互系统，还可以轻松实现跨地区交互，实施远程教学。

此外，随着技术的快速发展，浙江大学、北京师范大学、华中师范大学、华南师范大学、首都师范大学等越来越多的国内学校开始投入新型学习空间的实践探索中来，掀起了新型学习空间的理论与实践研究热潮。

1.3 虚拟学习空间及其发展

如前所述，随着信息技术与教育的逐步融合，未来学习空间是技术高度泛化的形态，是物理学习空间和虚拟学习空间并存、虚实融合的形态，是正式学习空间和非正式学习空间边界模糊、连续一体的形态。特别是随着移动互联网技术、虚拟现实技术（Virtual Reality，VR）、增强现实技术（Augmented Reality，AR）、混合现实技术（Mixed Reality，MR）等的快速发展，以元宇宙（Metavers）为代表的虚实融合空间形态将是学习空间发展的未来方向。

1.3.1 虚拟学习的空间特征、功能与发展

虚拟学习空间（Virtual Learning Space），最早是远程教育领域中的一个术语，是与物理（真实的）学习空间相对的。与此类似的术语还有网络学习空间、在线学习平台、数字化学习环境等，有研究者认为，虚拟与真实之分，主要在于学习空间中所触及的对象与事物是否真实[26]，凡是能触及真人、真物或现场实况的为物理（真实）学习空间，否则就是虚拟学习空间。学生与教师面对面地交流，用真实的仪器做实验，到真实生活中考察和获得数据，学生在这些空间里所接触到的人、事、物都是真实的，这些空间就是真实的学习空间。学生通过网络与伙伴交流，通过模拟的实验仪器做实验，通过图片、动画和录像获得信息，这些活动中学生所处的空间都是虚拟学习空间[27]。但随着计算机和网络的快速发展，虚拟学习空间

特指为教育机构的教学和学习而设计的软件系统。可见，虚拟学习空间从开始提供教学资源和学习支持为主，到沉浸式虚拟学习环境，再到虚实融合并在的新空间生态，对教育产生了重要的促进作用。虽然虚拟学习空间发源于远程教育，但随着技术和其功能的不断拓展，反而为面对面的教学提供了更多机会和可能。

（1）虚拟学习空间的特征

与传统的物理学习空间相比，虚拟学习空间通过小小的荧屏实现了信息的无限、无边无际、不确定、不可思议等，大大超越了传统的物理学习空间，在某种程度上，其学习体验也超越了传统的物理学习空间[28]。相较传统的物理学习空间，虚拟学习空间的主要特征包括：

① 学习场所不固定，且可以灵活改变。

② 没有围墙包围，且开放无限。

③ 多媒体的技术特性使学习者的空间中心角色功能被减弱。

④ 虚拟空间中的垂直轴是被模拟出来的。

⑤ 虚拟空间中的人和物体等也都是虚拟的。

⑥ 虚拟空间中没有"优先位置"。

⑦ 虚拟空间缩短了学生和教师之间、学生与学生之间的距离。

（2）虚拟学习空间的独特功能

虚拟学习空间的快速发展得益于其在促进学习方面的独特潜力[29]，主要表现在：首先，虚拟学习空间可以虚拟出特定的社会和经济现象，可以运行实验、控制微观世界，可以运用仿真模拟或可视化功能支持体验式学习；其次，虚拟学习空间可以提供沉浸式体验，这种体验可以有效支持社会互动和身份探索；再者，虚拟学习空间能够提供学习者高度的参与感和动机，虚拟的身份、规则和环境促进学习者自主探索，增强了学习者的自主性和动机；最后，虚拟学习空间内嵌了自动化、真实的学习评价，系统可以便捷保留和提取学生的操作痕迹，真实客观地评价学习效果，为形成性评价和基于证据的评价提供了支持。

（3）虚拟学习空间的发展

从支持虚拟学习空间发展的技术角度来看，虚拟学习空间大致可以分为三个主要类型：即以二维的网页技术为主的教学支持与管理服务平台；以三维虚拟技术为主的虚拟软件与系统平台；以新兴技术支持的元宇宙概念模型的虚拟学习平台。不能把这三个主要类型的虚拟学习空间简单理解为发展的替代关系，它们各自随着技术的发展和教与学理念的更新而不断发生新的变化。在当前的教学实践中，每一种类型表现出新的形态和应用模式。

① 基于二维技术的虚拟学习空间。

基于二维技术主要是指以平面网页设计技术建立的用于支持教学和管理服务的软件平台，典型的平台有 Blackboard（简称 BB）①、Modular Object-Oriented Dynamic Learning Environment（简称 Moodle、魔灯）②、Sakai③ 等，这类平台提供的主要功能有个性化课程建设和管理、作业提交与管理、虚拟社区交互、评价与考核等功能。这类平台最早应用于远程教育领域，但随着其功能越来越丰富，对面对面教学起到很好地支持作用，因而快速推广开来。随着网络带宽的提速、在线视频技术的发展，以视频为主的精品课程、MOOC、Spoc 等学习平台成为新的虚拟课程学习平台，典型的有中国大学 MOOC、Coursera、Udacity、edX 等。这些视频类课程学习平台以定制化的短视频为主要特色，而且以全新的课程组织和评价方式进行，注重加强对学习过程的管理。此外，国家教育信息化政策的酝酿和出台是推动我国基础教育领域虚拟学习空间研究快速发展的重要动力[30]。2012 年 5 月，教育部副部长杜占元在"教育信息化试点工作座谈会"上的

---

① Blackboard 是一个由美国 Blackboard 公司开发的在线教学管理系统，为教师、学生提供了强大的施教和学习的网上虚拟环境，成为师生沟通的桥梁。为了适应当前的教育发展，Blackboard 现已与 Anthology 合并，平台也更改名称为 Blackboard Learn，更多信息参见：http：//www.blackboard.com。

② Moodle 是一个开源的在线学习平台，旨在为教育工作者、管理员和学习者提供一个强大、安全和集成的系统，以创建个性化的学习环境。由全球 80 多家 Moodle 合作伙伴服务公司组成的网络提供资金支持，更多信息参见 https：//moodle.org。

③ Sakai 是由美国印第安纳大学、密西根大学、斯坦福大学和麻省理工学院于 2004 年发起的一项开放源代码的课程与教学管理系统（CMS）开发计划。Sakai 具有强大的通信和群组感知工具，与第三方应用程序轻松集成，是社区教育者的开源建构工具，具备超级课程创建等功能，更多信息参见：https：//www.sakailms.org。

讲话中，首次提出"网络学习空间人人通"。同年 9 月，国务委员刘延东在"全国教育信息化工作电视电话会议"上的讲话中，再次强调推动"网络学习空间人人通"，促进教学方式与学习方式的变革。2013 年 1 月，在教育部关于印发《教育部 2013 年工作要点》的通知中，再次将加快推进"优质资源班班通""网络学习空间人人通"列为工作重点。经过几年的建设，各个地方的虚拟空间人人通取得了长足的发展。这些虚拟学习空间在新冠疫情期间，为停课不停学发挥了重要作用。

② 基于三维技术的虚拟学习空间

基于三维技术的虚拟学习空间主要是指以虚拟现实技术（VR）、增强现实技术（AR）、混合现实技术（MR）等构建的虚拟学习软件或系统，这些技术基于人机界面交互技术，允许用户以新颖的方式与计算机进行交互[31]。其中，虚拟现实技术（VR）是一个完全封闭的、计算机生成的环境，虽然与现实世界分离，但可以和逼真的虚拟环境进行感官交互。身临其境的 VR 体验创造了临场感，即虚拟世界是真实的感觉，如典型的虚拟现实游戏平台有 Secondlife（第二人生）、Minecraft（我的世界）等，许多大学基于这些游戏平台开发了相应的教育应用场景。增强现实技术（AR）是一种与虚拟对象复合的真实世界，通过戴上 AR 头显，用户可以看到真实的物理世界，其中包含数字内容，范围从二维（2D）静态图像到三维（3D）交互式模型，以及介于两者之间的任何内容，许多公司开发了基于智能手机和平板电脑的教育应用。混合现实（MR）是一种独特的可以了解现实世界的系统，使数字组件能够对现实世界的对象做出真实的反应。例如，MR 系统中的数字化身将能够识别现实世界的物理椅子并与之交互，并且能够做诸如四处走动、跳过或坐在椅子上等事情。VR、AR 和 MR 三种技术虽然与现实有交互，但在交互程度、沉浸度、使用设备、代表公司及发展阶段各有不同，详见表 1-1。

表 1-1　AR、VR 及 MR 技术对比表[32]

维度	VR	AR	MR
用户与自然现实的交互程度	用户与现实隔离，并通过 VR 设备沉浸于全数字感应世界	交互是基于添加到同一数字信息的现实世界	现实世界充当投影虚拟现实的场景，用户通过设备沉浸其中
数字体验中的沉浸度	完全沉浸于独立平行的数字化时空	取决于 AR 叠加至现实中的数据密度	虚实融合空间中的感官沉浸取代了现实世界的原初体验
标志性设备	感官沉浸式的头显设备（例如：Oculus Rift）	智能手机中的 AR 应用程序（例如：精灵宝可梦）	在真实环境中投射数字信息的眼镜（例如：HoloLens）
代表公司	Facebook	Google	Microsoft
发展阶段	对初次产业泡沫的调整	急剧扩张中	实验室阶段

随着最近计算机技术的进步和 VR、AR、MR 硬件成本的降低，这些技术在教育中的应用正在迅速发展，相关头显和眼镜等"可穿戴技术"的硬件组件也变得更小、更轻、更便携。

③ 面向元宇宙的虚拟学习空间

元宇宙（Metavers），美国科幻小说作家尼尔·斯蒂芬森在《雪崩》一书中首次提出了"元宇宙"（Metaverse）的概念，并将元宇宙描述成一个与现实生活平行的虚拟城市环境。随着脸书（Facebook）更名为"元"（Meta），以及罗布乐思（Roblox）公司的上市，一时间，"元宇宙"在大众面前迅速爆燃，成为年度最流行的热词，2021 年也因此被称为元宇宙元年[33]。元宇宙是整合多种新技术而产生的新型虚实相融的互联网应用和社会形态，它基于扩展显示技术提供沉浸式体验，基于数字孪生技术生成现实世界的镜像，基于区块链技术搭建经济体系，将虚拟世界与现实世界在经济系统、社交系统、身份系统上密切融合，并且允许每个用户进行内容生产和世界编辑[34]。教育是元宇宙的重要应用场景，教育元宇宙是指元宇宙在教育领域的应用，其被认为是平衡技术发展和教育问题的有效模式，具备解决重要教育问题的可能性，重塑虚实融合下的教育个体、群体与技术的逻辑关系[35]。教育元宇宙凭借独特的优势和强有力的技术支撑，可以为教育未来发展带来一个全新的教育生态。

教育元宇宙具有深度沉浸体验、具身社交网络、群体自由创造、社会生态文明和虚实融生共在等特征[36]。相比 VR、AR 技术构建的虚拟空间，元宇宙凭借数字孪生、物联网和脑机接口等技术建立的平行于自然世界而又超越自然世界的高保真空间，可以使人们获得真实的社交体验、沉浸的环境感知及多模态生存感受。全景式的社交感知体验，虚实场景共在的场所感和情感体验丰富了参与其中的元宇宙居民的体验。共创共治共享是元宇宙的基本价值观，也是元宇宙存在、发展迭代更新的根本动力，元宇宙为群体协作操控、分布式协同创新及创新成果保护等提供了充分的支持。元宇宙中形成了新社会生态文明，其最大的特点是去中心化和永续存在性，去中心化是由元宇宙居民的参与特征、元宇宙发展进程及元宇宙分布式网络等因素决定的，是实现元宇宙快速发展、群体创新及数字经济发展的基本制度保障。元宇宙是虚拟和真实相融相生的，人们在物理世界和元宇宙中的行为或者属性能够进行相互映射，通过高科技手段实现人脑意识获取、表达及在元宇宙中执行操控，不但在形态、行为及认知等方面与真实的人物相同，而且具有超出真实人物的特殊功能，诸如腾空飞行、身形变化及角色转换等。

基于以上独特优势，元宇宙将为教育带来可拓展的学习空间、提供多元教育资源、创新人才培养、赋能多元学习活动、完善智能教学评价等诸多创新的可能[37]。第一，元宇宙拓展了学习空间场域，赋能智慧教育环境的构建，作为全新的学习空间，元宇宙提供了虚拟与现实深度融合、开放创造、社会互动和人机协同的教育环境；第二，元宇宙为教育提供了多样化的教育资源，新兴技术可以让学生获得触觉、听觉、视觉与嗅觉等多模态沉浸式学习体验；第三，元宇宙将重塑教与学模式的变革，从教学理念到教学实践，都将围绕元宇宙的落地出现新一轮的改革；第四，元宇宙可以支持多元学习活动，更加完整的数据使学习者的画像更加精准，为个性化学习提供帮助，多元学习场景和多元学习活动进一步促进了深度学习的实现；第五，元宇宙借助大数据可以实现评价主体多元化、评价过程真实化、评价内容多维化，从而促进学习者的全面发展。

可见，元宇宙为教育打开了另一扇窗，未来学习空间的发展将更加广阔。但当前还处于探索阶段，面临技术不成熟、应用门槛高、相关应用不够深入、资本炒作等诸多问题与挑战。

1.3.2　虚拟学习空间案例

随着技术的快速发展与实践应用的大力普及，虚拟学习空间的应用也在不断迭代更新，成功案例不断涌现。针对以上阐述的三种类型的虚拟学习空间，分别选取一个或两个实践中的典型案例进行介绍。

（1）雨课堂

雨课堂是清华大学在线教育办公室和学堂在线共同推出的新型智慧教学工具，是在线教育研究中心的最新研究成果[38]。通过连接师生的智能终端，雨课堂将课前—课上—课后的每一个环节赋予全新的体验，快捷地实现大数据时代的智慧教学，包括师生多元实时互动，教学全周期数据分析等。雨课堂的全部功能基于 PPT 和微信，轻量易用，操作便捷。同时支持多语言版本操作，极大地方便了外国师生及外语专业类师生的使用。在雨课堂 4.0 版中，新增视频直播授课、课堂投稿支持小视频、弹幕投稿生成词云等功能，并对柱状图投屏、分组功能、主观题批改等操作进行优化。具体功能如下：

① 课上：创新师生互动。

　　a. 课堂弹幕——轻松组织讨论，活跃班级气氛。

　　b. 匿名反馈——学习遇到困难，匿名反馈教师。

　　c. 限时测试——随堂知识检测，结果实时统计。

　　d. PPT 同步——不再拍照抄写，专注听课思考。

② 课下：轻松翻转课堂。

　　a. 随时推送预习材料 + 语音讲解。

　　b. 内置免费名校慕课视频。

c. 难点报告反馈，师生随时沟通。

d. 课后推送作业题目。

③ 全景：个性数据报表。

a. 教学数据全周期采集。

b. 分析课程数据。

c. 量化学习情况。

d. 帮助教师精准教学。

雨课堂通过 PPT 插件的方式实现教师轻松施教，学生利用手机或平板电脑，通过微信公众号和小程序进行便捷学习，拓展了课堂学习空间，丰富了互动方式，方便了资源设计，实现了物理学习空间和虚拟学习空间的统一，为混合式教与学的实施提供了便捷的实施工具和途径。与其说雨课堂是一个工具，但本质上更像是一个虚拟学习空间，学生在这个空间可以学习资源，可以参与社交互动，大量学习数据自动保存，为多维评价提供证据，如图 1-9 所示。因此，雨课堂这种瘦身型、便捷型、易操作的特征是当前混合式教与学发展的现状，也是未来发展的趋势，类似的虚拟教学空间还有微助教、超星学习通、蓝墨云班课、智慧树等。

（a）学生学习界面　　　　　　　　（b）教师课程管理界面

图 1-9　雨课堂平台的学习与教学

（2）Virtual People

斯坦福大学的"Virtual People"课程是由斯坦福大学虚拟人机交互实验室（Virtual Human Interaction Lab，VHIL）主任 Jeremy Bailenson 教授执教的一门完全在线的虚拟课程。他们给学生每人发放一副 Oculus Quest 2VR 眼镜，全程在线参与虚拟学习，如图 1-10 所示。课堂场景囊括了虚拟博物馆、生活化的场景、地球上人烟稀少的角落（如火山口、海底暗礁）等。学生们可能漂浮在太空中，惊奇地看着下面的地球；也可能在美丽的珊瑚礁中游泳—每一秒代表着岁月—因为气候变化导致了珊瑚礁的毁灭；还有可能去散步了，但作为一个肤色与自己不同并受到偏见的人。Bailenson 教授自 2003 年以来一直在教授虚拟人课程，但直到最近，VR 技术的进步才使得该课程能够完全在 VR 中进行教学。夏季期间，课程讲师和学生在 VR 环境中的共享时间超过 60000 分钟，预计秋季期间将共享约 140000 分钟。

（a）学生使用 VR 设备进行学习　　　　（b）虚拟学习空间

图 1-10　Stanford "Virtual People" 课程①

整个课程持续 10 周，采用学生小组、测验、讨论、VR 之旅、预习反馈、构建 VR 场景等形式进行。Bailenson 认为："我们的课程就是元宇宙，这堂课就是构建元宇宙的标准范例。我们的目标就是构建持久的、充满了虚拟人的空间和场景，并用它们来达成（教学）目标。"

——————————

① 图片来源：https：//news. stanford. edu/2021/11/05/new-class-among-first-taught-entirely-virtual-reality/。

(3) Horizon Workrooms

Horizon Workrooms 是由 Meta(原 Facebook)公司推出的虚拟会议软件，目前在公测阶段。在这个虚拟空间中，Oculus Quest 2 用户可以用"虚拟人"分身进行线上会议。参与者可以设计自己的"虚拟人"形象，在虚拟现实会议室会面，以及共享白板或文档进行协作，同时，在进行 VR 会议的时候可以与自己的现实桌面和与虚拟桌面进行交互，实时共享电脑屏幕。Meta 掌门人扎克伯格称希望在五年内能转型成一个元宇宙公司，并表示有一天我们所有人将在一个完全沉浸式的虚拟空间中度过大量时间，这是一个"实体互联网(embodied internet)"，如图 1-11 所示。Horizon Workrooms 的主要特色功能包括：

① 免费开放。面向 VR 用户免费提供的跨平台协作空间。

② AR 透视模式。追踪现实中的 PC 和键盘，映射到虚拟空间中，大幅提高虚拟会议输入效率。

③ 桌面识别。根据用户划定的区域范围，将虚拟办公桌面和虚拟白板固定在现实空间中的指定位置，融合虚拟环境与现实环境。

④ 实时手势追踪。实时追踪用户双手的手势，填补了线上沟通交流过程中肢体语言的缺失，并支持简单的手势捏合点选交互，使用户在绝大多数场景下无须使用控制器。

⑤ 空间音频。模拟真实物理世界中不同方位的声音效果，利用对头部运动实时响应的 3D 音频，加强虚拟环境中的空间感。

⑥ Passthrough 模式。在用户需要时，显示现实环境画面，用于查看现实空间中的物品或在现实空间中移动。

⑦ 控制器充当画笔。由于手势追踪精度相对较低，且手指与画板接触时没有触感反馈，这时可以倒转控制器充当画笔，实用又有趣。

⑧ 虚拟座椅晃动模拟。当前的追踪方案下，虚拟角色只显示上半身，用户对自己下半身的存在感知较弱，在用户起身或轻微移动时晃动虚拟座椅，可以有效增强真实感。

（a）虚拟空间办公现场　　　　　　　　（b）操作场景

图 1-11　Workrooms 的虚拟办公及操作场景①

（4）Altspace VR

Altspace VR 是微软公司旗下的 VR 产品平台，是进行虚拟直播、虚拟活动的领先平台，提供实时混合现实体验，允许艺术家、创作者、品牌和企业更轻松地创建虚拟活动。Altspace VR 的目标是满足有社交需求但是没有时间和空间参加或组织社交活动的人的需求。来自世界各地的人们可以使用此社交应用程序实时连接和协作，并具有真正的存在感。富有表现力的化身、引人入胜的眼神交流、空间声音和身临其境的虚拟环境让人们即使天各一方也能感觉到他们在一起。Altspace VR 位于体验、内容和社区的交叉点。它是现场音乐会、会议、喜剧表演、节日、技术讲座、团队会议、远程协作等的首选场所，如图 1-12 所示。Altspace VR 的主要特征包括：

① 共享虚拟现实活动。在个人生活或职业生涯中，可以参加其他人安排的公共活动，也可以举办自己的私人或公共活动，这些活动向整个在线虚拟社区开放。

② 参与者有真实的社会需求，包括参加"真实的"活动、和远方的朋友有更多互动、认识新朋友、分享自己的故事等。

③ 公共活动日历。AltspaceVR 在任何给定时间都会在其日历 H 显示。这些活动的范围包括教会服务或团体冥想等精神聚会、加密货币、

---

① 图片来源：https：//baijiahao. baidu. com/s？id = 1708583790356460800&wfr = spider&for = pc。

32

一般科学、创意写作、商业网络等学习活动。在娱乐方面，有单口喜剧活动、欢乐时光会议、现场音乐、卡拉 OK 等，Altspace 是一个基于活动的社区空间，帮助用户更好地与具有共同兴趣的其他人建立联系。

④ 虚拟现实世界。在 Altspace VR 中，主持人可以预先构建的 VR 环境称为世界，参与者可以访问这些虚拟现实世界。

⑤ 内容频道丰富。内容主题多种多样，涉及人文主义、多样性和包容性、精神、单口喜剧和音乐节。当频道添加了新活动时，将提前 1 小时收到邮件通知。

⑥ 共享虚拟空间。允许一大群人在单个空间共同存在，FrontRow 技术将受众规模扩大到数千人。

⑦ 自主社区交互。参与者可以参加相关活动，设计自己的角色、与场景游戏物体互动、创建活动、添加朋友、切换活动等。

（a）Altspace VR 中的虚拟世界　　　　（b）Altspace VR 中的各种活动

图 1-12　Altspace VR 的虚拟世界和活动①

如前所述，在技术的快速发展和教与学模式不断创新的双重驱动下，虚拟学习空间发展也呈现出多样性、个别化、以学生为中心、虚拟融合等特征。事实证明，没有最好的虚拟学习空间，只有适合不适合，虚拟学习空间也必将围绕实践教与学的应用而不断迭代更新。

---

① 图片来源：https：//account. altvr. com/events/main。

参考文献

［1］许亚锋，尹晗，张际平．学习空间：概念内涵、研究现状与实践进展[J]．现代远程教育研究，2015（03）：82-94，112.

［2］齐军．教学空间的内涵及与邻近概念的关系摭论 ［J］．上海教育科研，2011（4）：12-14.

［3］田慧生．教学环境论 ［M］．南昌：江西教育出版社，1996：61.

［4］Chism N，Bickford D J. The Importance of Physical Space in Creating Supportive Learning Environments ［M］. Jossey-Bass，2002：70.

［5］Journal of Learning Spaces Editorial Policies（2011）. Focus and scope. Journal of Learning Spaces ［EB/OL］. ［2022-02-02］. http：//libjournal. uncg. edu/index. php/jls/about/editorial Policies#focus And Scope.

［6］许亚锋．技术支持的学习空间的设计与实践 ［D］．上海：华东师范大学，2015：7.

［7］许亚锋，塔卫刚，张际平．技术增强的学习空间特征与要素分析［J］．现代远距离教育，2015（02）：22-31.

［8］陈向东，许山杉，王青，等．从课堂到草坪——校园学习空间连续体的建构 ［J］．中国电化教育，2010（11）：1-6.

［9］Oblinger D. G. Learning spaces. EDUCAUSE. ［EB/OL］. ［2022-02-02］. https：//www. educause. edu/ir/library/pdf/PUB7102. pdf.

［10］Sturner W F. Environmental Code：Creating a Sense of Place on the College Campus ［J］. Journal of Higher Education，1972，43（2）：97.

［11］杜威．学校与社会——明日之学校 ［M］．赵祥麟，等，译．北京：人民教育出版社，2005：252-280.

［12］田晓伟．论教育研究中的空间转向 ［J］．教育研究，2014，35（05）：11-18.

［13］Strange C C，Banning J H. Educating by Design：Creating Campus Learning Environments That Work. The Jossey-Bass Higher and Adult Education

Series［M］. Jossey-Bass，350 Sansome St. ，San Francisco，CA 94104-1342，2001：10-12.

［14］Amedeo D，Golledge R G. Person-environment-behavior research：investigating activities and experiences in spaces and environments［M］. Guilford Press，2008：9-18.

［15］Okoli D T. Sense of place and student engagement among undergraduate students at a major public research university［D］. Colorado State University，2013：121.

［16］保罗·贝尔，托马斯·格林，杰弗瑞·费希尔，等. 环境心理学［M］. 朱建军，吴建平，译.5 版. 北京：中国人民大学出版社，2009：442-449.

［17］Daniela L. Smart Pedagogy for Technology-Enhanced Learning［J］. Didactics of Smart Pedagogy：Smart Pedagogy for Technology Enhanced Learning，2018：3-22.

［18］黄荣怀，杨俊锋，胡永斌. 从数字学习环境到智慧学习环境——学习环境的变革与趋势［J］. 开放教育研究，2012，18（01）：75-84.

［19］北卡罗莱纳州立大学的新型学习空间：https：//serc. carleton. edu/sp/library/scaleup/index. html.

［20］麻省理工学院的新型学习空间：http：//web. mit. edu/edtech/casestudies/teal. html.

［21］爱荷华大学的新型学习空间：https：//tile. uiowa. edu/.

［22］明尼苏达大学的新型学习空间：https：//classroom. umn. edu/space/classroom-types/active-learning-classrooms-alc.

［23］麦吉尔大学的新型学习空间：https：//www. mcgill. ca/tls/spaces/tlswg.

［24］陈卫东，张际平.未来课堂的定位与特性研究［J］. 电化教育研究，2010（07）：23-28.

［25］上海交通大学智慧教室：https：//etc. sjtu. edu. cn/classroom/index. html.

[26] 梅家驹. 虚拟学习空间与真实学习空间 [J]. 现代教育技术，2001（02）：10-13，77.

[27] 刘明祥. 网络教育环境中虚拟学习空间和真实学习空间的有机结合 [J]. 现代远程教育研究，2005（04）：60-62.

[28] 奥托·彼得斯. 一种虚拟学习空间的教学模式 [J]. 开放教育研究，2001（03）：24-29，54-55.

[29] R. 基思·索耶. 剑桥学习科学手册 [M]. 徐晓东，杨刚，阮高峰等，译. 5 版. 北京：教育科学出版社，2021：522-524.

[30] 塔卫刚，张际平. 我国学习空间研究的进展与前瞻——兼论"人工智能+教育"视域下学习空间未来发展 [J]. 远程教育杂志，2018，36（06）：31-40.

[31] Weiss, T. L., Bailenson, J. N., Bullock, K., Greenleaf, W. Chapter 17-Reality, from virtual to augmented. In Godfrey, A., Stuart, S. (ed) Digital Health [M]. Academic Press，2021：275-303.

[32] 褚乐阳，陈卫东，谭悦，等. 重塑体验：扩展现实（XR）技术及其教育应用展望——兼论"教育与新技术融合"的走向 [J]. 远程教育杂志，2019，37（01）：17-31.

[33] 蔡苏，焦新月，宋伯钧. 打开教育的另一扇门——教育元宇宙的应用、挑战与展望 [J]. 现代教育技术，2022，32（1）：16-26.

[34] 清华大学新媒体研究中心. 2020—2021 年元宇宙发展研究报告 [OL]. https：//xw. qq. com/partner/vivoscreen/20210920A0095N/20210920A0095N00？isNews＝1.

[35] 翟雪松，楚肖燕，王敏娟，等. 教育元宇宙：新一代互联网教育形态的创新与挑战 [J]. 开放教育研究，2022，28（01）：34-42.

[36] 李海峰，王炜. 元宇宙+教育：未来虚实融生的教育发展新样态 [J]. 现代远距离教育，2022（01）：47-56.

[37] 刘革平，高楠，胡翰林，等. 教育元宇宙：特征、机理及应用场景 [J]. 开放教育研究，2022，28（01）：24-33.

［38］雨课堂：https：//pro. yuketang. cn/web/.

［39］Standford 大学"Virtual People"课程：https：//news. stanford. edu/2021/11/05/new-class-among-first-taught-entirely-virtual-reality/.

［40］Horizon Workrooms：https：//www. oculus. com/workrooms/.

［41］Altspace VR：https：//altvr. com/.

第 2 章

不同的体验：新型学习空间的策略转变

Place matters in education, it always has, and it always will.

—— David Thornburg

　　课堂是教学改革的主阵地，课堂环境的变革和课堂教学方式的创新是教育改革的主旋律。新型学习空间是一个不同于以往传统课堂的新型教与学环境，是将信息技术深度融入课堂环境和课堂教学，处处体现以人为本理念的空间。本章主要阐述两种教学：一种是促进新型学习空间功能发挥的思维可视化教与学策略，着重介绍促进可视化教学、可视化学习和可视化评价方面的教与学策略；另一种是面向学生参与的学习空间应用策略，着重介绍促进学生行为参与、情感参与和认知参与的新型学习空间的应用策略。

　　随着信息技术的迅猛发展，其对教育的影响走向纵深，逐步帮助我们解决了在过去没有办法解决的问题。例如，要做到以学生为本，实施素质教育，在教师有限的教学时间内，要想做到因材施教、分组讨论、做到课堂高效的一对一交互，运用"翻转课堂"教学模式等，都不太可能实现。如今可以利用信息技术与教育的深度融合，充分运用信息技术对教育的支持，这些历史问题将迎刃而解。因此，依据先进的教育理念，运用信息技术，以"学生为本"为设计核心，重构一个功能丰富的全新学习空间是教育发展的必然趋势。新型学习空间的目标就是建立一个"坚持以人为本，使教育的各要素相互依存、相互促进、协调合作，形成完美的教学生态，从而促进学生自我激励、自我成长、自我完善"的和谐课堂[1]。因此，具备人性化、混合性、开放性、智能性、生态性和交互性的新型学习空间应运而生。然而，要想让这样的课堂的作用真正发挥出来，还需要运用先进的教学理念与方法，对教与学的过程进行创新设计。

2.1　思维可视化教与学策略

新型学习空间势必功能丰富、技术先进、环境舒适、操作灵活，即使在这样的课堂中，学习仍不会自动发生。先进的课堂装备只能算是学习的必然条件，而不是充分条件，没有科学的教学方法就不会有好的教学效果和学习效果。思维可视化是指运用一系列图示技术把本来不可视的思维(思考方法和思考路径)呈现出来，使其清晰可见的过程。被可视化的"思维"更有利于理解和记忆，因此可以有效提高信息加工及信息传递的效能。这种方法更关注知识表征背后的学生思维规律，良好的知识表征及思维工具的使用可以有效促进学生的学习，使学习者主动去建构知识，学习的过程就是知识的建构过程，同时有助于学习者对知识的存储与提取。新型学习空间中的多屏呈现功能是基本配置，配套软件的运用可以使多屏呈现实现同屏显示、顺序显示、异屏显示等功能，也可以使思维可视化技术充分发挥其应有的作用，使知识的呈现与表征更加方便灵活、更利于学生的建构。

因此，以思维可视化教与学策略的设计为切入点，立足在新型学习空间中提高教学效率与学习效果，将思维可视化教学方法有效运用，构建新型学习空间下的教与学策略，充分发挥空间的功能优势，探索信息技术支持的新型学习空间中的课堂教学新思路、新方法，有着重要的理论与现实意义。

2.1.1 思维可视化策略的概念

思维可视化作为一种知识呈现与组织方式，既可以作为教师的教学方法，也可以作为学生学习的方法。作为教学方法有助于帮助教师去组织知识和相关内容，将原来抽象的内容、琐碎的内容按照一定的规则进行可视化呈现，可以大大提高教学效率；作为学生的学习方法，学生利用这种方法组织所学知识，可以快速地与原有知识建立联系，使新知识与原有知识进行同化与顺应，既可以提高学习新知识的效率，又可以促进认知结构的发展。思维可视化的教与学策略主要包括：

（1）**思维可视化教学策略**。思维可视化教学策略是指在教学过程中把可视化融入教学的各个环节，在教学的每个阶段可以使用可视化方法和可视化内容，尤其是在知识呈现方面，对于训练学生的形象思维、分析思维、聚合思维可以起到很好的支持作用。

（2）**思维可视化学习策略**。思维可视化学习策略是指在学生学习过程中将思维可视化策略融入学习的各个环节，使学生的学习内容、学习方式采用可视化的方法，对于培养学生的抽象思维、创造思维、分析思维、发散思维有很大的支持作用。

（3）**思维可视化教学评价**。思维可视化教学评价利用可视化技术进行学生学习评价，强调对学生学习过程的评价，侧重对学生思维发展方面进行评价，精准发现学习过程中的问题，及时进行补救。

2.1.2 思维可视化教与学策略设计

思维可视化可有效帮助学生建构知识，促进学生思维能力的发展，提高学习效率。将思维可视化方法应用在课堂中，设计开发侧重于思维可视化的教与学策略，将有助于发挥新型学习空间中的技术功能。进行思维可视化教与学策略的设计就是将思维可视化方法运用在教与学过程中的各个环节，包括教与学目标设计、教与学方法设计、教与学媒体设计、教与学资源设计、教与学活动设计、教与学评价设计等。以下讨论的是能够体现新型学习空间中典型功能的教与学策略。

(1) 多屏异步呈现策略，保证思维连续

多屏呈现是新型学习空间中最具特色的功能，一间课堂中配备有 2~4 块屏幕（屏幕可以是液晶投影、电子白板、一体机、大屏幕电视机等），均匀分布在课堂的四周，具有同屏、异屏、循环屏 3 种内容呈现模式[2]。同屏模式就是几块屏幕同时呈现某页内容，可以使每位学习者能清晰地看到屏幕内容，解决了学生因座位位置因素而影响观看效果的问题；异屏模式可以使不同的屏幕呈现不同的内容，可以使指定屏幕呈现特定页面的内容；循环屏模式则是按照 PPT 页面顺序进行呈现的一种方式，这种方式最大的优势就在于它可以保证学生思维的连续性，学习者的思维反应水平是不一致的，教师在进行内容呈现时是统一的步骤，不能考虑到每位同学的个体差异，而循环屏模式正好可以解决这个问题，使不同的学习者可以既紧跟老师的教学步骤，又保证了自己思维的连续性，以帮助学习者对知识进行快速组织与加工，这种内容呈现模式对于呈现物理、化学、数学等前后逻辑联系紧密的学科知识效果更加明显，表 2-1。

表 2-1　新型学习空间中多屏异步教学模型

内容呈现模式 ＼ 屏幕	屏幕 1（教师屏幕）	屏幕 2（扩展屏幕）	屏幕 3（扩展屏幕）	屏幕 4（扩展屏幕）
同屏模式：四个画面内容一样	内容	内容	内容	内容
循环模式：四个屏幕按 PPT 内容循环播放	PPT-P4	PPT-P3	PPT-P2	PPT-P1
异屏模式：在四个屏幕上分别实现特定内容的呈现，包括学生屏幕	PPT-P6	学生内容	PPT-P4	PPT-P90

（2）即时信息交互策略，保证思维同步

即时信息交互是课堂教学中最为核心的内容，传统课堂受技术所限，不能实现信息及时交互、交互内容和形式有限等。但在新型学习空间中，这一切变得非常容易，这也是信息技术支持课堂教学的最好体现。即时信息交互主要包括：教师可以通过相关软件将 PPT 课件的内容、其他资源等内容即时发送到学生平板终端；学生在接收到教师发送的相关内容及资源后，可以进行修改、作答、加工，然后回传给教师；IRS（Interactive Response System，即时反馈系统）则可以实现课堂内的即时反馈，可以有效地支持课堂教学活动的开展，实现投票、抢答、选择，并能及时进行答案分析，教师可以马上查看可视化的分析结果，及时发现不同学生的作答与选择情况，时刻掌握学生的学习进展，保证思维同步；IRS 还可以借助实物展台将纸制学习资源、实物教具等即时拍照进行数字化，进而发送到学生平板终端。新型学习空间中的即时信息交互节约了大量的时间，使信息传递、数据分析瞬间完成，为课堂教学活动提供了很好的支持，真正做到了及时、精准、高效，图 2-1 为新型学习空间中的即时交互场景。

图 2-1　新型学习空间中的即时交互

（3）翻转混合教学策略，增强学习体验

翻转课堂是当前最热门的教学改革模式，这种教学模式可以大大提高学生参与学习的积极性与主动性，从而提高学习效率。但开展翻转课堂需要一定的前提基础、优质的资源基础、完善的课堂管理、熟练的教师组织能力、精心设计的教学活动等。其中优质的学习资源是核心，没有优质资源做基础，如同无源之水、无本之木，也没有办法开展翻转课堂教学。经过近几年在线教育的快速发展，有大量优质的课程平台涌现，并配套了相应的课件、虚拟实验、微课等学习资源，这些优质资源针对性很强，都与教材紧密相关，这就节省了教师制作资源的时间，给教师们开展翻转课堂提供了便利。加上信息技术支持的交互功能，可以有效开展课堂教与学活动，将线上与线下、课内与课外有机融合，大大增加了学生的学习体验，从而实现了真正的翻转混合教学，图2-2为中国大学MOOC平台。

图2-2　中国大学 MOOC 平台①

---

① 图片来源：https：//www.icourse163.org/。

（4）虚拟与现实结合策略，激发学习兴趣

课堂中学生的学习兴趣培养比知识传授多少要重要得多，虚拟现实技术具有沉浸性、交互性、想象性等特征，在提高学生学习体验，培养学生学习兴趣方面具有很强的优势。随着公开教学平台的建设，虚拟实验和资源越来越丰富，可供教师和学生实时使用，重点包括化学、物理、电子、生物类的实验模块。这些虚拟实验既可由教师在上课时做实验演示用，也可供学生在课堂或回家进行实验用。实验过程也可以实现师生互动、生生互动。有了虚拟实验平台，不仅可以帮助学生提前进行实验准备，降低实验风险，还可以解决个别学校实验设施设备不足的问题。同时，在配备 3D 播放设备与体感体验设备的新型学习空间中，学生可以体验 3D 视频教学资源和体感互动游戏，提高学生的学习兴趣，增强学生互动，实现虚拟与现实的融合，图 2-3 为某虚拟实验教学平台。

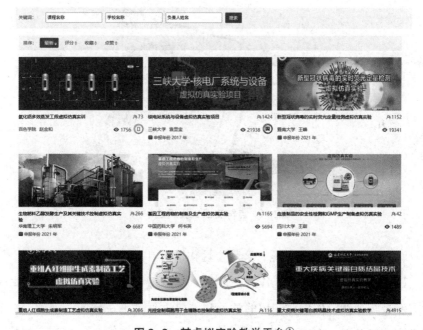

图 2-3　某虚拟实验教学平台①

① 图片来源：http://www.ilab-x.com/。

(5) 实时手写交互策略，回归课堂本真

信息技术的发展加快了社会发展的现代化与数字化，同时也加剧了文字书写与现代社会的距离。借助技术，可以在电子白板上运用直接书写文字，但这种书写过程及体验受技术所限，不能像在书本上那样自如地令人满意。如今，借助点阵技术（见图2-4）可以解决这个问题。教师可以像在纸张上书写一样进行公式推导、给出解题思路、批改作业、进行书法教学等教学活动，重要的是这一切可以同时呈现在屏幕上。这种技术完美地将教师板书与投影结合在一起。同时，学生也可以在有点阵的教材上进行批注，在有点阵的纸张上进行考试，这些过程瞬间进行了数字化处理，可以保留数据，节省时间，为后续工作的开展提供基础。点阵技术让教师与学生书写更加自然，交互更加轻松，解放了教师，方便了学生，回归了本真，增加了体验。

图2-4　点阵交互式呈现技术①

(6) 自动诊断补救策略，实现个性化学习

因材施教是每位教育工作者的梦想，也是每学习者的终极福利。每位学习者极具个性，他们对知识的学习和掌握过程是不一样的，因此，一节课下来到底掌握了多少，掌握到什么程度也是非常个性化的问题。在新型学习空间中，支持学生使用 iPad、Android Pad、Windows Pad 等移动设备

---

① 图片来源：http：//www. aiwrite. net/img/back1_ new. png。

作为学习终端，可建立与教师端软件的高效互动机制。这种机制可实现课堂中实时的教与学内容的互相推送，支持即时反馈装置反馈功能，立即进行投票或评分。可实时开展课堂评价活动，运用事先建立的试卷自动呈现题目与选项，应用于教学中的形成性评价。评价报告包括成绩统计汇总，可随时调阅个人各题分数加总、个人得分加总、全班总分与平均分。我们借助于相关的软件教学平台，通过学生的课堂反应、参与程度及题目作答情况，可以分析得出每位学生各次活动的平均分数曲线图、各次活动的交卷时间、分数及答对率等结果数据，软件平台通过分析得出的结果判断学生未掌握的知识内容，自动将该部分内容推送给学生，作为补救措施，从而实现个性化学习。因此，未来的课堂应该是一个集教学设计、诊断、评价、补救为一体的整体教学平台，图 2-5 为清华大学开发的雨课堂教学实时数据平台。

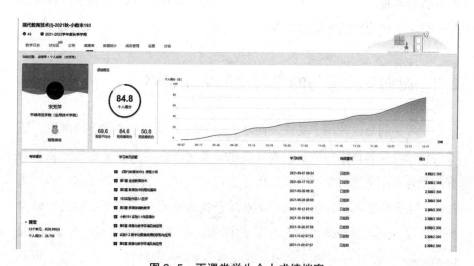

图 2-5　雨课堂学生个人成绩档案

在具体设计思维可视化教与学策略时，需要考虑以下几个注意事项：首先需要考虑的是要以具体学科和教学内容为依据，充分考虑学科特点和教学内容的特殊性，将思维可视化方法与具体教学内容进行有效设计。其次需要考虑的是以学生学习特点为中心，不同年龄阶段学生的学习特点不同、思维发展水平不一，我们强调以人为本，就是要以学生思维发展水平为中心进行设计。此外，需要考虑的是技术与情感的统筹兼顾，新型学习空间是一个富技术环境，在这个富技术环境中，教师和学生的情感交互设计显得格外重要。在设计教与学策略的过程中，既要充分发挥技术优势，又要避免技术过度应用而缺乏情感交互，技术可以用来帮助教师提高交互的广度与深度，而不能代替师生间的情感交互。

总之，新型的学习空间是一个富技术环境的课堂，应用于其中的信息技术也会不断更新与发展。因此，新型学习空间中的课堂被称为"未来课堂"，因为它是属于未来的，不是固定于某一时间点的，而是不断发展变化的，其中的教与学策略也是需要不断发展变化的，对应的教与学策略设计也是随之变化的。我们最终的目的是不断进行改革，创新教与学的策略设计，提高学生的学习体验，服务于个别化学习，重视过程性评价，诊断与补救自动化，让每一位学生真正参与学习过程中，快乐地学习，最终使每一位学生成为有创新能力的人才。

2.2　面向学生参与的学习空间应用策略

学习空间是设计用于支持、促进、激发或增强学习和教学的场所。随着时代的发展和技术的进步，教育对象和教育理念也发生了重要变化，新兴的教育改革实践对学习空间提出了更高的要求。现有的整齐划一的、排排座、讲台中心的传统教室已经不适应新型教学改革的需要。因此，国内外许多高校开始进行新型学习空间的探索。美国新媒体联盟（New Media Consortium）发布的《2019年地平线报告（高等教育）》中，也将"重新设计学习空间"（Redesigning Learning Spaces）划为未来3~5年的中期发展趋势。在新型学习空间变革成为趋势的同时，如何依据新时期学生特点、教学方式的变化对学习空间进行重新设计与规划，充分发挥新型学习空间的创新功能，是当下学习空间设计与应用实践中应该关注的重要问题。

随着教育理念的不断更新、信息技术的不断进步，新型学习空间正成为教育改革实践研究的新领域。纵览当前新型学习空间实践案例，存在偏重技术倾向、小组协作效果不佳、教师教学策略有待加强等问题。基于"学生参与"理论，下面从促进学生行为参与、情感参与和认知参与 3 个维度出发探讨新型学习空间中促进学生参与的应用策略。

2.2.1　当前学习空间存在的问题

近年来，继美国北卡罗莱纳州立大学 SCALE-UP 项目、美国麻省理工学院 TEAL 项目、美国爱荷华大学 TILE 项目、美国明尼苏达大学 ALCs 项目，加拿大麦吉尔大学的 TLSWG 项目之后，美国佛罗里达湾岸大学、威斯康星州立大学、亚拉巴马大学、克莱姆森大学、匹兹堡大学及韩国高丽大学等越来越多的高校，也积极参与到学习空间的探索实践中来[3]。我国的北京师范大学、华中师范大学、华东师范大学等，也在不断进行新型学习空间的重新设计与应用实践研究。这些新型学习空间在空间布局、桌椅配置、技术装备、功能设计等方面都强调以"学生为中心"的理念，强调为学生主动学习、协作学习提供支持。然而，不同的空间案例各有其特点，在应用过程中虽然取得了不同层面的改进效果，但也暴露出了设计与应用方面存在的问题。

（1）偏重技术倾向严重

随着技术与教育的深度整合，技术在教育中的作用也越来越重要。但在新型空间变革过程，暴露出一种偏重技术的倾向，即在空间设计时坚持"大而全、多而杂"的思想，似乎是技术越多越好、技术设备越多越高级的假象。这样导致在教师应用实践中，给人造成了课堂中技术应用越多越好的错觉。Shieh 等人[4]在对台湾一个新型教室的研究中发现，学生们对学习环境的反应是积极的，但他们发现许多房间的特征没有被使用，因为教师对这些空间的教学并不熟悉。

（2）小组协作效果不佳

新型学习空间在设计中强调学生小组协作，在应用实践中却发现小组协作效果一般。Brooks 通过比较相同教师使用相同的教学方法在主动学习空间（ALCs）和传统教室中的教学得出，在主动学习空间中，教师讲授比传统学习空间中要少，教师在讲台上的行为比传统课堂中要少，但在小组活动方面两者并不存在显著差异[5]。可见，当前的新型学习空间在促进小组协作方面还没有达到理想的效果。

（3）教师教学策略有待加强

与传统学习空间相比，新型学习空间在给教师带来便利的同时，也带来了诸多挑战。空间特征功能的发挥取决于教师教学策略的恰当应用，二者是相辅相成的。研究发现，教师和学生对新型学习空间普遍持满意和积极的态度，但主观上的满意并未带来实际行为参与上的改变。Stoltzfus等[6]在研究中发现是主动学习的教学方法影响学生的学习表现，而非空间特征。这说明新型学习空间的社会性参与对学生来说主观感觉胜过实际行为。学生在行为参与上的积极性并未真正激发与调动起来，这与教师教学策略的应用有直接关系。因此，教学过程中教师的活动组织策略还需要加强。

2.2.2　学生参与理论

Astin[7]最早提出了"学生参与"（student engagement）的概念，即"学生在与学习有关的一系列活动中的内在心理活动和外在行为"。他在总结了前人研究的基础上，于20世纪80年代建立了有关"学生参与"的理论。提出了关于学生参与教学的5个判断：第一，参与是一个连续体的变化过程，不同的个体投入量随着时间和目标而变；第二，参与包括内在心理的投入，也包括外在行为的投入；第三，参与构成结构综合了质与量；第四，学生收获多少取决于其参与的质和量；第五，教学策略的目的和提高学生参与能力二者之间密不可分[8]。2004年，Fredricks等人[9]对参与的概念进行了全面阐述，认为参与应该包含3种类型，即行为参与、认知参与、情感参与。

（1）行为参与

Fredricks等人[10]总结了行为参与的3种定义：第一种是指积极的行

为，例如遵守规则和遵守课堂规范，以及不存在诸如逃学和制造麻烦之类的破坏性行为；第二种是涉及参与学习和学术任务，包括诸如努力、坚持、集中注意力、问问题和对课堂讨论作出贡献的行为；第三种涉及参与学校有关的活动，如体育或学校治理。背后的假设是高水平参与表明了参与的质的差别，是更多地投身于组织。

（2）情感参与

情感参与是指学生在课堂上的情感反应，包括兴趣、无聊、快乐、悲伤和焦虑[11]。一些研究人员通过测量对学校和教师的情绪反应来评估情感投入[12]。Finn[13]将身份认同定义为归属感（一种对学校重要的感觉）和价值（对与学校相关的结果成功的欣赏）。参与（engaging）不同于动机（motivation），例如，动机性研究区分了情境和个人兴趣。前者是短暂的，是由一种活动的特定特征引起的，比如新奇。后者是一个相对稳定的方向，它更有可能涉及持续的选择去追求一项活动或研究一个主题，以及承担挑战性任务的意愿（Krapp，Hidi，&Renninger，1992）[14]。Csikzentmihalyi[15]提出了"流"（flow）的概念，流是一种完全参与的主观状态，个人参与一项活动中，以至于他们失去了对时间和空间的认识，它代表一种高情感投入或投资。

（3）认知参与

认知参与则强调学生在学习上的投入，其中，定义聚焦在学习上的心理投入超越了需求的愿望及对挑战的偏爱，而不仅仅是行为上的参与。Connell 和 Wellborn[16]认为，认知参与包括解决问题的灵活性，对高难度工作的优先考虑，面对失败积极应对。学习领域中把认知参与归为策略性的或自我调节。可见对认知参与，可归为两组：一组是具体强调学习上的心理投入，另一组以认知为目标，强调策略性的学习。

综述所述，学生参与可以通过这 3 种类型的参与来进行考量。一般认为，行为参与包含做好工作，遵守规则；情感参与包含兴趣、价值观和情感；认知参与包含动力、努力和策略的使用。

2.2.3 促进学生参与的学习空间应用策略

学生参与是一个涉及从课堂到教师、从同伴到学校等的宽泛概念，进而从行为、情感和认知三个维度进行测量与评价。其中课堂范围内的学生参与是学生整体参与的一个重要部分。因此，针对当前新型学习空间存在的诸多问题，借鉴学生参与理论，从课堂内部，即在学习空间内的学生参与出发，探讨如何通过对学习空间的特征功能来促进学生在行为、情感和认知方面的课堂参与。

Strange 和 Banning[17]指出环境可以促进学生的行为，也可以阻碍学生的行为，环境包括：实体环境、个人集体社会化、空间的组织环境、校园文化和社会气氛。我们在此将环境的概念缩小至课堂范围，然后从行为参与、情感参与和认知参与三个维度探讨增加促进、减少阻碍的策略。

（1）促进学生行为参与

对学生行为参与的考察通常包括实施（conduct）、工作投入（work involvement）和参与（participation）。据此，从学习空间的角度出发，利用新型学习空间的特征功能来促进学生的行为参与。首先，小组协作式的空间布局有助于形成协作学习氛围，使得小组成员互相协作更加容易产生；同时可以有效增加学生课堂参与。其次，技术可以让学生互动更加便利，例如有的新型学习空间中配备了无线网络和 Pad、可实现即时答题，配备网络教学平台，教师可实现对学生的实时诊断，及时掌握学生的学习进度并反馈，实现精准教学。

（2）促进学生情感参与

对学生情感参与的考察通常包括学生与学校、学校任务和学校中人的情感方面的反应。若将范围缩小至课堂内，则学生情感的参与即为学生与教室、课堂任务和教师与同伴的情感方面的反应。因此，我们可以从教室、对学习任务的支持度和师生、生生关系方面来促进学生参与。首先，关于新型学习空间的应用研究表明，学生对新型学习空间的态度是非常积极的、以学生为中心的设计，在布局、桌椅配置、技术运用等方面都给学生提供了较舒适的体验，这对促进学生情感参与有重要影响。其次，新型学习空间对课堂学习任务的支持可以通过变换空间布局、提供便利资源，以及技术支持，使得学生的课堂学习更加丰富有趣。最后，对学生小组协作的支持对形成良好的伙伴关系具有重要作用，进而促进学生课堂情感参与。同时，灵活的布局设计使得教师可以在空间内自由移动，大大缩短了师生的空间距离，积极的沟通和交流对形成良好的师生关系具有重要作用，进而促进学生课堂情感参与。

（3）促进学生认知参与

对学生认知参与的考察通常包括在学习上的心理投入和认知策略的运用。Connell 和 Wellborn[18]描述了认知参与的测量方法，例如通过设置关于灵活解决问题、对高难度工作的偏好、独立的工作方式，以及应对失败方法等的调查题目。对于认知策略的考察，主要测量学生的元认知、意志和努力的控制，认知策略的使用等。对学生认知参与的促进主要从学习空间的特征功能对学生课堂认知层面的支持出发，及教师在学习空间中运用的相关教学与学习策略。首先，增加学生在学习上的心理投入，适用于小组协作和独立工作的空间布局，教师激发学生的任务兴趣及面对失败的态度的教学策略的运用，以及良好的师生与生生关系形成的学习氛围都有利于增加学生在学习上的心理投入。其次，技术和网络平台可增强学生认知策略方面技能的培养。新型学习空间的多屏显现技术可以实现同屏显示、异屏显示和循环显示，配合教师教学策略的运用可以增强对学生认知技能的训练。基于班级学习的网络管理平台，可以针对学生个体进行认知策略的培养与训练。

需要说明的是，在设计促进学生参与的策略中，教师的作用是最重要的。任何教学策略都需要教师恰到好处地去实施，空间的布局、课堂中心的设定、师生空间距离的把握、小组活动的开展、技术辅助操作等都需要教师根据具体教学情境展开。因此，教师在新型空间中的教学设计能力尤为重要，针对教师的新型空间应用策略的培训也要及时进行设计与实施。

相对于传统教室，新型学习空间在桌椅布局、家具配置、智能软硬件技术的应用等方面都有了较大改进。全新空间的创新功能只是提供了教学改进的机会，若要真正实现这些功能，则需要教师精心设计教学策略才能实现。因此，以学生参与理论为依据，从促进学生行为参与、情感参与和认知参与三个维度出发，重新思考空间的设计与应用，对新型学习空间的未来设计与完善都具有重要的理论意义与现实意义。

参考文献

［1］叶新东. 未来课堂环境下的可视化教学研究［D］. 上海：华东师范大学，2014：26.

［2］陈卫东，叶新东. 未来课堂中屏的设计——基于交互的视角［J］. 远程教育杂志，2013（5）：23-31.

［3］赵瑞军，陈向东. 学习空间对教师教学行为影响的研究——基于华东师范大学的"新型学习空间"［J］. 远程教育杂志，2017，35（04）：77-86.

［4］Shieh R S, Chang W, Tang J. The Impact of Implementing Technology–Enabled Active Learning（TEAL）in University Physics in Taiwan［J］. Asia-Pacific Education Researcher（De La Salle University Manila，2013，19（3）：401-415.

［5］Brooks D C. Space and consequences：The impact of different formal learning spaces on instructor and student behavior［J］. Journal of Learning Spaces，2012，1（2）.

［6］Stoltzfus J R, Libarkin J. Does the Room Matter？Active Learning in Traditional and Enhanced Lecture Spaces［J］. CBE–LifeSciences Education，2016，15（4）.

［7］Astin W A. Student involvement：a developmental theory for higher education［J］. Pro quest Psychology Journal，1999，5（40）：518-529.

［8］Astin A W. Student involvement：a developmental theory for highereducation.［J］. Journal of College Student Development，1984，40（4）：297-308.

[9] [10] Fredricks J A, Blumenfeld P C, Paris A H. School Engagement: Potential of the Concept, State of the Evidence [J]. Review of Educational Research, 2004, 74 (1): 59-109.

[10] [16] [18] Connell J P, Wellborn J G. Competence, autonomy, and relatedness: a motivational analysis of self-systemprocesses. [J]. Journal of Personality & Social Psychology, 1991, 65: 43-77.

[11] Lee V E, Smith J B. Effects of high school restructuring and size on early gains in achievement andengagement. [J]. Sociology of Education, 1995, 68 (4): 241-270.

[12] Finn J D. Withdrawing fromschool [J]. Review of Educational Research, 1989, 59 (2): 117-142.

[13] Renninger K A, Hidi S, Krapp A, et al. The role of interest in learning and development [M]. Psychology Press, 2014: 80-83.

[14] Csikszentmihalyi M. The flow experience and its significance for human psychology [J]. Optimal experience: Psychological studies of flow in consciousness, 1988, 2: 15-35.

[15] Strange C C, Banning J H. Educating by design: creating campus learning environments that work. The Jossey-Bass Higher and Adult Education Series [M]. Jossey-Bass, 350 Sansome St. , San Francisco, CA 94104-1342, 2001: 10-12.

第 3 章

空间的重构：新型学习空间的布局

The philosophy of the school room in one generation will be the philosophy of government in the next.

——Abraham Lincoln

随着技术对教育影响的不断深入，以新兴技术为代表的未来课堂、智慧教室等新型学习空间越来越受到关注。这些新型学习空间的一个典型特征就是一改传统教室的秧田式布局，以小组合作式的桌椅布局为主。以往针对学习空间的研究主要关注新技术的运用、对空间要素感知和空间接受度等方面，关于学习空间布局的深入研究则相对比较零散。空间布局在建筑、设计等领域被视为推动空间变革的重要角色，关注如何对空间功能和应用情境进行拓展。为解决学习空间问题，也有必要从空间布局的角度来理解空间与个体的互动。重构桌椅布局被视为改善传统空间形态的最直接方式。本章以座位排列为研究出发点，探讨新型学习空间中的座位布局，讨论新型学习空间中"黄金区域"的影响因素及其形成过程。研究表明：（1）研讨型教室仍旧存在座位的黄金区域，其位置面对教师和白板（显示区域）方向呈三角形展开；（2）视觉效果、教室中的位置、学生及师生之间的互动、室内温度等多种因素导致了黄金区域的形成。基于这一研究结

果，可以从扩大黄金区域的范围、减少影响黄金区域的不利因素、设计针对性的课堂教学策略等角度来优化未来的研讨型教室。

作为教室空间的重要组成部分，座位本质上是学生与学生、学生与教师及学生与周围环境关系的体现，并且与学生的绩效、出勤、课堂态度及表现等息息相关[1,2]。随着技术的发展以及人们对学习空间的重视，教室的空间架构也在经历着深刻的变革，越来越多的新型教室不断出现[3]。这类新型教室虽然名称和功能略有差别，但基本上包括以下几个特点：先进的技术设备、灵活可移动的桌椅、师生之间有效及时的交流及舒适与安全的教学环境[4]。在国内大学中，很多新型研讨型教室具有这样的特点，这些新型教室不断地被投入使用，成为学习的重要场所。

3.1 学习空间中座位选择的影响因素

在高等教育的课堂中，学生的座位是学生自主选择的结果，是学生对自我、教室、教师、课程、同伴等要素的态度的综合反映。以往的研究更多关注教师、教室的建设者和管理者对于教室空间的态度，却常常忽略学生的因素[5]。对于新型研讨型教室而言，学生的座位选择及相关影响因素更为复杂，其空间位置或座位的选择对于新型教室的设计和改进具有重要意义。传统教室存在着座位选择的"黄金区域"，这一区域影响着教学策略的实施。由于教室整体布局变化及新技术的引入，新型学习空间中的黄金区域分布及其影响因素也在发生变化。本节着眼新型学习空间中学生座位选择的特征及影响学生座位选择的原因，探索改进新型学习空间布局的途径。

学习空间的位置或座位选择的研究发端于 20 世纪五六十年代，来自于心理学、教育学、环境工程学、空间设计等多个学科的研究者基于各自的学科视角进行了探索（见表 3-1）。虽然选取的研究角度不同，但可以将涉及的因素归纳为三个维度：物理环境、社交和个体特征。

表 3-1　影响学习空间的位置或座位选择的因素研究者分析维度

研究者	分析维度	
Walberg H J[6]	物理距离	靠教室前、靠教室后、靠近窗户
	心理距离	朋友的位置
Pedersen D M[7]	性格	精神集中程度、自控与控制他人的能力、接纳自我和他人的能力、智力
Jemieson P[8]	舒适程度	地板、座位、桌椅、空气、声音、光
	审美意义	配色方案、家具地板的质量与种类、装饰特征
	装备设施	技术资源、设备
	空间布局	家具设施的摆放及它们的空间距离
Burda J M, Brooks C I[9]	性格	成就动机
Kaya N, Burgess B[10]	性格倾向	地盘意识：对固定位置的喜好及占据的意识
Somerville M M, Collins L[11]	开放自由的环境	
	舒适可调节的家具	
	功能性、启发性的空间	
	泛在移动技术	
Appel-Meulenbroek Retc[12]	物理维度	工作空间的位置、ICT、舒适度、控制室内的温度、装修色彩和材料的使用
	社交维度	隐私（不被别人看到，视觉、听觉不受干扰）、交互需求（与同事保持联系、与人聊天、方便他人拉椅子）
Harrop D, Turpin B[13]	学习场所类型	正式学习/非正式学习空间
	空间布局	环境气氛、空间布局
	交互特性	可以与人交流、分享、讨论
	社交	获得社会支持
	隐私特性	无干扰

续表

研究者	分析维度	
Harrop D, Turpin B[13]	及时可达	学习地点的距离近，可很快到达
	人类属性	桌椅舒适度、自然光线和灯光、声环境
	资源	靠近 IT 资源、无线网络等
	点心茶饮	可以吃喝
Yang Zetc[14]	物理属性	视线、桌椅家具、硬件设备、温度、软件、日光、音效
Hemyari C et al[15]	性格因素	性别、神经特质、随和、外向、责任感
Losonczy-Marshall M, Marshall P D[16]	绩效	看、听的清楚，集中精神、免除干扰，相信坐在前排成绩会好
	社交	坐在熟人或朋友旁边、加入某个小组
	反社交	独自一人
	被注意	被教师、学生注意
	物理环境	空调、门、窗
Park E L, Bo K C[17]	与教师的交流互动	
	集中精神	
	看清黑板和白板	
	远离教室活动外的干扰（如手机、聊天）	
	到达教室的时间	
	靠近朋友	
	自信	
Beckers R et al[18]	物理维度	舒适程度、美学、ICT、布局
	社交维度	隐私、交互，易掌控
	社会人口属性	性别、年龄、学年、生活条件

（1）物理环境因素

教室的物理因素会在很大程度上影响教室内教与学的活动，从而影响学生对学习空间的选择，包括整体环境（如光线、声音、温度）、空间布局、物理设施（如桌椅、设备、技术）等[19]。Yang 等人的研究表明，学生对教室的满意度很大程度取决于教室内的视野和整体环境（尤其是空气质量和温度）。对于整体环境而言，Jamieson 以及 Harrop 等人的研究也发现，学生对教室室内光照、自然光及声音条件比较看重。教室内的布局也对学生的选择有着重要的影响，布局包括教室内桌椅及各项设施的布置，以及座位之间的空间是否保证学生的穿梭走动、小组内和小组间的活动。Park&Bo 在其关于教室座位黄金区域的研究中表明：学生选择黄金区域的原因之一则是为了看清黑板和白板，且免受与学习无关的干扰（手机等）。Somerville & Collins 则认为，协作学习中学生最喜欢开放的、自由无拘束的学习空间。此外，许多学习空间的研究都提到桌椅等家具、教室内的 ICT（信息通信技术）设施、教室内的配色方案及布艺和装饰设计，都是影响学生选择学习空间的重要因素。

（2）社交因素

社交维度是指学生在学习空间内与同伴、教师之间交流沟通及隐私保护的需求。Appel-Meulenbroek 从环境心理学的角度分析认为影响学习空间的社交因素包括两个方面：隐私及与他人交流互动的需要。隐私包括自己工作学习的内容不被别人轻易看到、视觉声音上不受无关干扰，而与他人交互则包括能够与同伴保持联系、方便与同伴聊天、方便他人拉椅子等。Harrop 和 Turpin 在研究中也发现学生需要可以一起交流分享、讨论辩论的同伴，因此他们常常选择朋友可以聚集的学习空间。同时，Park&Bo 及 Walberg 等人的研究显示：在选择座位时，"朋友坐在哪"往往是他们着重考虑的因素之一。另外，与教师的眼神交流，以及与教师的关系也是学生选择座位的影响因素。

（3）个体特征维度因素

很多研究把学生的座位选择和其个体特征联系起来，如学生的自我效能、智力水平、成就动机、对课程的兴趣、地盘意识、性别等。Walberg 基于心理学的视角，发现坐在教室前排的学生往往是喜欢学校、有着良好的学习习惯、更强的学习动机，希望得到教师的认可和同伴注意的学生；而坐在靠窗位置的学生，往往不太喜欢学校、认为教师对自己有较低的评价、更容易因各种原因缺席课堂。也有研究认为，学生的座位会影响其成绩和课堂表现，如认为坐在教室前排的学生相比中后排拥有更好的课堂表现和课程成绩[20,21]。Park & Bo 的研究发现，越是自信的学生，越不受座位选择因素的影响，而不自信的学生虽然认可黄金区域，却总因为到达班级时间迟或靠近朋友等原因而避开黄金座位。Kaya & Burgess 提出学生的地盘意识（Territoriality）也会影响学生选择座位，对自己已有或喜欢的座位表现出占有意识的学生会更倾向于选择一排的两侧靠边位置或圆形拐角位置。除此之外，还有研究提出，性别和智力与学生座位的选择有关：选择前排座位的大多是女生，而最后两排往往是男生[22]；教室中与教师交互性高的座位上女生更多，而与教师交互性低的座位上男生更多。

3.2　案例研究

为了探究新型学习空间中学生对座位选择的详细情况，本研究以华东师范大学的一种新型研讨型教室为个案，采用课堂观察与视频分析、问卷与访谈等方法，对 2016 年秋季学期 11 门课程的学生进行了调查。研究表明：（1）研讨型教室仍旧存在座位的黄金区域，其位置面对教师和白板（显示区域）方向呈三角形展开；（2）视觉效果、教室中的位置、学生及师生之间的互动、室内温度等多种因素导致了黄金区域的形成。

3.2.1　研究问题

在近期的各类空间位置和座位选择研究中，Park & Bo 的黄金区域理论引起了普遍关注。针对传统的秧田式教室，研究中发现学生的座位选择存在着"黄金区域"（golden zone）和"阴影区域"（shadowzone）[23]，如图 3-1 所示。"黄金区域"位于教室最前方的中心三角区域，是学生最喜欢的座位区域，学生选择该区域的最重要的原因是：方便与教师的眼神交流和互动。而"阴影区域"则为教室的最后一排，表示学生选择最少的座位。对于传统教室的黄金区域，我们可以做这样的表述：学生愿意坐在靠近教师的前端位置，但并不愿意离教师太近，中间距离是最佳的位置选择，并且以教师为顶点，呈等边三角形方向对称展开。在新技术环境下，许多研讨型教室采用了类似的多屏结构、马蹄形课桌布局等结构，这是否会影响学生的座位选择，Park & Bo 的"黄金区域"是否会发生变化，以及变化的可能原因是什么，是本文关注的问题。

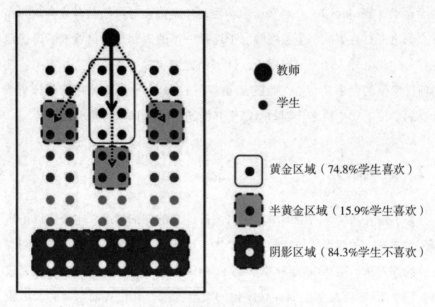

图 3-1　教室座位的"黄金区域"

3.2.2　研究对象

本文的研究对象是华东师范大学 2016 年秋季学期 11 门课程的 318 名学生，涉及的课程包括公共课、通识选修课、专业必修课、专业选修课等多种不同类型课程。这些课程均被分配在新型研讨型教室教学。自 2012 年始，华东师范大学建设了一批新型研讨型教室，这些教室采用灵活可移动的桌椅，六边形围坐教师学生黄金区域（74.8%学生喜欢）、半黄金区域（15.9%学生喜欢）、阴影区域（84.3%学生不喜欢）布局，双屏显示与交互式电子白板。这类教室有 24 人和 36 人两种配置，即 4 个六边形和 6 个六边形，本研究涉及的对象全部在 36 人教室中学习。6 张桌子围成的六边形，配备 2 块电子白板及电磁书写笔，投影设备、空调、灯光、音响等设备齐全，教学软件可实现双屏、同屏和异屏呈现信息，教室覆盖无线网络，整个教室结构如图 3-2 所示。为了辅助描述教室内的座位方位与位置特点，教室置于双轴坐标系中，以教室的最后一排与靠近门的一侧墙的交叉点为原点，从原点向靠近电子白板 2 的方向作 Y 轴，向靠近门的方向作 X 轴。

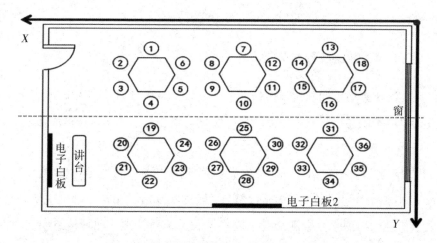

图 3-2　华东师范大学的一种新型研讨型教室

3.2.3　研究方法

2016 年秋季学期，经任课教师和上课学生同意，对 11 门在图 3-2 所示教室授课的课程进行了课堂观察和视频分析，并对所有学生进行了问卷调查，根据调查结果对部分学生进行了访谈。

对于选择的每门课程均进行了 4 次以上的实地课堂观察，同时对课堂进行了实录。事后根据研究需要，从每门课程中各随机抽出一节课的视频作为样本，对实录视频进行分析，记录该节课教师走下讲台的时间及该节课的总时长，得出该门课教师走下讲台的时间比例，作为课堂互动状态的一项指标。根据前期文献研究的结果设计了相应的调查问卷。问卷围绕前文所述的三个维度：物理环境、社交及个体特征，结合现场课堂观察的结果调查了研讨型教室座位选择策略。问卷内容主要包括三个部分：第一部分为学生的基本信息，包括学生的性别、年级、专业和修读课程等基本数据；第二部分为学生的座位选择信息，包括普通教室座位区域的选择，新型研讨型教室座位区域的选择，坐在各个方位的座位应对策略、影响其座位选择的因素等；第三部分是学生的自我效能、对于课程的态度、对自己的课堂表现及教师教学策略的评价，作为绩效因素和个体特征因素进行考察。为了对问卷调查结果做进一步分析，针对个别问题，研究者对部分学生进行了访谈，以了解学生座位选择的深层原因。

3.2.4　数据统计与分析

本次调查通过问卷星以微信的形式发放，向参与 11 门课程的所有学生发送了电子问卷。

（1）基本信息

318 名学生中，回收问卷 248 份，回收率 78%。回收的问卷中，男生占 27.02%，女生占 72.98%，比例与学校的实际情况相符。学生主要来自电子信息、物理学、金融统计、软件工程、工商管理、地理信息与科学、汉语言文学、社会学、日语、法语等专业。对于所在的新型研讨型教室，对座位选择影响最大的因素（多选题，最多选 4 项）依次为：方便与同伴讨论交流（72.98%）、与投影距离合适能看得清楚（53.23%）、方便与教师互动（41.94%）、方便集中精力听课（38.71%）、座位空间更宽松（31.85%）、光照适宜（18.95%）、可以独自学习不受干扰（10.89%）、温度适宜（9.68%）、与音箱的距离合适能听得清楚（7.66%）、可以做自己的事（7.66%）、离电源插座近（1.61%）。

（2）座位的选择

为了对 Park & Bo 的研究进行验证，首先调查了这些学生对于一般教室的座位选择（最想坐的座位），发现"黄金区域"和"阴影区域"与 Park & Bo 的研究结果完全一致，如图 3-3 所示。

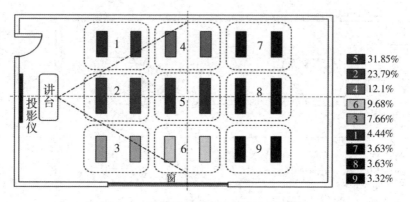

图3-3　普通教室中的"黄金三角区域"

区域5、2、4、6依次为学生最想坐的四个座位区域。这四个区域位于教室前方，共同构成了以讲台为中心顶点的三角区域。学生最不想坐的区域为"阴影区域"7、8、9，位于教室的最后。然后，调查了学生对于图3-2所示的研究型教室不同座位的选择，最喜欢的座位依次为30（21.8%）、24（20.6%）、25（15.3%）、23（14.9%）、4（10.1%）、12（9.3%）、7（8.9%）、2（8.5%）。最不喜欢的四个座位分别为31、32、33、34。其中，学生选择最多的四个座位30、24、25、23位于两个电子白板前的三角区域内。也就是说，座位选择的黄金区域在很大程度上仍然存在。除了距离之外，座位需要考虑朝向，面对教师和白板（显示区域）的方向是学生的选择依据。如图3-4所示，23、24号座位位于正对着教室内部最前方的教师和电子白板的三角区域内；25、30号座位位于朝向教室前方但与前方电子白板稍远及正对电子白板2的两个三角交叉区域内。

（3）影响黄金区域的因素

Park & Bo认为，黄金区域形成的主要原因是便于和教师的眼神交流和互动、看清黑板或白板、免受与学习无关的干扰等，对于其他影响因素则并未涉及。然而，对于研讨型教室而言，其环境比传统教室复杂得多，形成的原因也会发生变化。

①在教室中的位置。黄金区域的一个重要特点就是学生更愿意选择在教室的中部。为此，进一步分析学生X轴和Y轴方向的座位选择，发现存

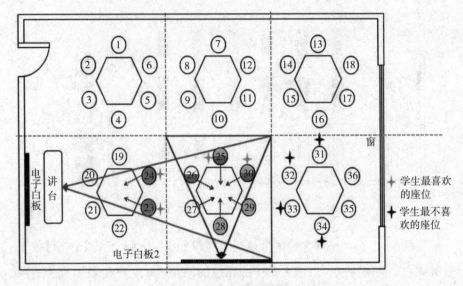

图 3-4　研讨型教室的黄金区域

在以下现象（见图 3-5）：在 X 轴方向上的三个区域中，B 区域最受欢迎，有 57.26%的学生选择该区域，即中间区域最受欢迎，其次是离教室前方较近的 A 区域。而如果沿 Y 轴方向将座位区域划分为三个区域，最受欢迎的是 B 区域（58.87%）。与此同时，对原点对角线上 19—24 和 13—18 两个座位区域的调查发现，从整体选择结果来看，两者未表现出明显差异。由此可见，黄金三角区域形成的一个重要原因是学生既不愿选择离教师太近的位置，也不愿选择距离太远的位置。

　　② 以视觉效果。比较图 3-3 和图 3-4 比较可以发现，一般教室的黄金区域是以最前方的讲台或电子白板（显示区域）为三角的中心顶点，研讨型教室的座位黄金区域则是以教室内的两块电子白板为中心向两侧呈三角状辐射展开。由两间教室的座位区域可以明显看出最受学生欢迎的座位常围绕电子白板（显示屏幕）为中心展开，影响其选座因素的调查也表明，"与投影（白板）距离合适以看得清楚"是影响学生选座的第二大因素。电子白板（显示屏幕）的位置是学生选择座位的重要参考点。学生重视的是与白板或投影的距离"合适"，而非越近越好。在后期的访谈中，许多学生表示，该教室最前方位置因离白板距离过近，需要抬头或仰头看，有

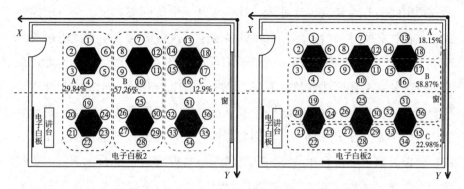

图 3-5　X 轴与 Y 轴方向上学生座位区域选择

时也有散光等现象，并非学生心中最合适的位置。调查中发现，座位 26 虽然同样位于两个三角区域的交叉范围，却没有座位 25、30 受欢迎。通过访谈得知，座位 26 的朝向是面向教室后方，须背对教师与讲台，学生有时会觉得不便。由此可见，对于研讨型教室而言，除了电子白板外，朝向是影响黄金区域的因素之一。以电子白板为中心，多个因素共同作用，形成了学生座位选择的新的"黄金区域"。

　　③ 学生间的交互。在影响座位选择的因素中，72.89% 的学生选择了"方便与同伴讨论交流"这一选项。进一步分析显示：选择该选项的学生与未选择的学生，在 X 轴方向（远离讲台方向）上所示的 A、B、C 座位区域（见图 3-5）选择上表现出了显著差异。选择了这一选项的学生中，有 59.12% 的学生选择了 B 区域，31.49% 的学生选择了 A 区域，剩余仅 9.4% 的学生选择了 C 区域。即如果考虑"方便与同伴交流互动"这一因素，学生更倾向于选择靠前的座位区域。而在 Y 轴方向（远离/靠近电子白板 2 方向）上的座位区域选择与同伴间的交互也表现出了相关性。在选择"方便与同伴讨论交流"这一因素的学生中，有 63.5% 的学生选择了坐在 B 区域，远高于 A、C 区域。即考虑"与同伴讨论交流互动"这一因素的学生往往倾向于选择中间的座位。综合 X 轴与 Y 轴方向上的座位选择，不难发现，重视"方便与同伴讨论交流"的学生总是更倾向于选择教室的中心及略靠前的区域，这与黄金区域高度吻合。

　　④ 与教师的互动。研讨型教室的建设有一个共同原则和目的：更好地

促进师生间的有效交流。针对同一对象的另一个研究中发现，与一般的教室相比较，在研讨型教室内，教师更多地走下讲台的与学生有更近距离的互动交流[24]。这种更多的互动是否会对学生的选座策略产生影响？通过视频分析，分别对各门课程教师走下讲台的时间比例进行分析。11 门课程被分为两类：教师走下讲台时间比例多于 67% 的 5 门课程和教师走下讲台时间比例少于 67% 的 6 门课程。将两类课程与 X 轴座位区域的选择做交叉分析，发现教师走下讲台比例高的班级的学生与教师走下讲台比例低的班级的学生在 X 轴方向（靠近/远离讲台方向）的座位选择上有显著差异，教师走下讲台比例高的课堂选择 A、B、C 区域的比例分别是 28.5%、64.2% 和 7.3%。对应的比例低的选择则分别是 31.2%、50.4% 和 18.4%。教师走下讲台比例低的班级更接近于传统教室，选择中间区域的学生减少，学生要么为了与教师的更多交流而往前坐，要么干脆流向 C 区域。为进一步说明该问题，针对教师走下讲台比例较低的 6 门课程，将"是否选择与教师互动"与学生 X 轴方向上三个座位区域的选择进行交互分析，两者有较为显著的相关性（见表 3-2）：选择了"方便与教师交互"的学生往往更倾向坐在 A 区域（43.9%）和 B 区域（46.3%）。而在教师走下讲台比例较高的 5 门课程中，两者未表现出显著相关，即在教师常常走下讲台的情况下，学生不会因为"方便与教师交互"而在 A、B、C 三个区域的选择上有显著的差异。

表 3-2　教师走下讲台比例不同的班级座位区域选择与因素的交叉分析

教师走下讲台的时间比例	是否选择"方便与老师互动"	A 区域	B 区域	C 区域	显著性检验
低	未选择	25.0%	52.4%	22.6%	0.054*
	选择	43.9%	46.3%	9.8%	
高	未选择	25.0%	65.0%	10.0%	0.437
	选择	31.7%	63.5%	4.8%	

注：* 表示 $P < 0.05$。

⑤ 室内温度。研讨型教室内 Y 轴方向上 A、B、C 三个区域的选择与

是否选择"温度适宜"这一因素有显著相关性。选择了"温度适宜"这一影响因素的学生中，仅有 4.17% 选择 A 区域，绝大多数学生选择了 B 区域和 C 区域。调查期间正值冬季，通过访谈了解到，A 区域正对着教室门，因会被风吹到而感到冷；而 B 区域位于人群中间、C 区域位于教室内侧，远离门窗，比较温暖。室内温度是学生选择座位的考虑的一个重要因素，这也使得在本调查中学生总是避免坐在靠近门的区域而较倾向教室内侧或靠窗的位置。这一因素也影响黄金区域的分布，在实地课堂观察中也发现，学生总是优先选择靠近内侧的座位，尤其是气温较低时。

⑥ 其他。问卷中的其他数据和传统教室座位选择研究的结果一致，也在一定程度上影响黄金区域的分布。例如，学生的自我效能与学生在 X 轴方向（靠近讲台）上的座位选择呈正相关，与学生在原点与其对角线方向上的座位选择呈负相关，与有人之桌和无人之桌（如果只有两个座位选择，一个是旁边有人的座位，另一个是旁边没人的座位）选择显著相关。即学生的自我效能水平越高，越会选择靠近讲台的位置，也越倾向于选择对角线上远离原点方向的位置，越会选择旁边有人坐的桌子。学生对课程的喜爱程度与学生在 X 轴方向上（靠近讲台方向）的座位区域选择也呈正相关，即学生对课程的喜爱程度越高，越倾向于坐在 X 轴正方向上（靠近讲台的方向）的座位区域。在不同班级的调查中也发现，越受欢迎的课程，黄金区域越明显，三角位置相对前倾。除此之外，学生性别与座位选择表现也有一定的相关性：不同性别在 X 轴和 Y 轴方向上的座位区域选择表现出了显著差异，女生选择更靠近两个白板（显示位置）；而在无人之桌和有人之桌的选择上，男、女生的差异尤其显著——女生更倾向于选择已有人坐的桌子，而男生更倾向于选择没有人坐的桌子。

(4) 讨论

以上研究表明，在研讨型教室中，座位选择的黄金区域仍旧存在，但是由于教室整体架构的变化和新技术的引入，区域分布发生了一些调整，这些变化因素仍然与物理环境、人际及个性特征有关。上述结果对于如何有效开发与利用研讨型教室有以下借鉴：

首先，教室建设需要扩大"黄金区域"的范围。学生最喜欢的座位往往围绕电子白板或投影展开，因此为了扩大黄金区域，可以考虑适当增加电子白板或投影显示的数量。如 Park & Bo 在论文中提及的主动学习教室的设计蓝图，室内设有五面显示屏，正对着五个座位区域，保证每个座位区可以清楚地看到显示屏，这样就从某种形式上扩大了座位的黄金区域。此外，学生在座位选择中体现出对某些环境因素如电子白板、灯光的关注与重视，通过改进这些因素同样可以扩大黄金区域的范围。至于调查中发现的一些影响黄金区域的不利因素，例如室内温度，为了保证学生能在相对舒适的环境中学习，室内温度的控制（包括对室内某些特殊位置，如门边、窗边的温度控制）需要加强。现场课堂观察发现，实验对象教室空间普遍较狭窄，教师走下来指导交流有些困难，学生在问卷中也反映了类似的现象——教室的中心区域较为拥挤，这在很大程度上影响黄金区域向更大的范围扩展，因此，此类教室在建设时一定要有足够的活动与交流空间。

其次，黄金区域不仅取决于教室的物理结构，与课堂教学策略也有一定的关系。例如，教师在课堂中的位置及在教室内的走动情况对于学生的影响是不言而喻的。因此，研讨型教室的师生互动形式及教学活动的组织应尽可能结合课堂的物理结构特征。对于教师而言，尽可能走下讲台，并且采用更多促进交流的课堂活动，这也在某种程度上扩大了黄金区域的范围。此外，由于学生的学习积极性、兴趣等个性特征与学生的座位选择有着明显的相关性，教师可以通过学生座位选择判断不同位置学生的特征，从而采取某些针对性的教学策略，例如通过课堂活动人为地调整学生的座位，为其创造参与课堂交流的机会。

总之，对于研讨型教室黄金区域的研究，有助于教室管理者和设计者更好地设计新型研讨型教室，也可以使教师针对新的教学环境进行有效的教学设计。

虽然本文介绍的新型研讨型教室具有一定的典型性，但是目前各种不同类型的教室结构有很大的差异，研究结果并不能涵盖各种类型的新型教室。论文的调查对象数量比较有限，由于前期研究设计的缺陷，一些与课堂空间有关的重要信息，例如学生实际的学习成绩、学生的自信水平及成就动机等要素并没有纳入调查范围，这使得一些现象无法得以充分和深入了解。未来需要进一步扩大研究对象的范围及样本数量，拓展影响因素的调查，以进一步了解和探索学生座位选择策略背后的原因，并据此改善研讨型教室的开发与应用。

诚如 Amedeo & Golledge 所认为的[25]，学习空间的架构并不直接影响我们的行为，其作用取决于主体对待和使用空间的方式，空间的结构和规模可以限制或促进主体的体验。基于这一视角，本文从物理环境、社交和个体特征三个维度归纳了影响学生空间位置和座位选择的因素，并以此为基础调查了新型研讨型教室的座位选择策略，发现研讨型教室黄金区域的特征及其形成原因，并对研讨型教室的建设及教师的课堂策略提出了建议。对于研讨型教室的黄金区域而言，其形成不仅仅是空间架构和技术作用的结果，还和教学行为有关。空间和技术的变化只是通过增加灵活性、移动性、舒适性间接影响了课堂的教与学。作为教师而言，只有主动适应空间变化，采用有利于发挥空间特征功能的教学方法，才能够真正提升空间的使用效果。

参考文献

[1] Montello D R. Classroom seating location and its effect on course achievement, participation, and attitudes [J]. Journal ofenvironmental psychology, 1988, 8 (2)：149-157.

[2] Stires L. Classroom seating location, student grades, and attitudes：environment or self-selection? [J]. Environment and Behavior, 1980, 12 (2)：241-254.

[3] 陈向东，等. 从课堂到草坪——校园学习空间连续体的建构 [J]. 中国电化教育, 2010 (10)：1-6.

[4] Sun M, Chiang F K. Active learning spaces：new directions for

teaching and learning [J]. Educational Technology & Society, 2015, 18 (2):
394-396.

[5] Beckers R, Voordt T V D, DEWULF G. Learning space preferences
of higher education students [J]. Building & Environment, 2016, 104:
243-252.

[6] Walberg H J. Physical and psychological distance in the classroom
[J]. American journal of education, 1969, 77 (1): 64-70.

[7] Pederson D M. Personality and classroom seating [J]. Perceptual and
motor skills, 1994, 78 (3_ suppl): 1355-1360.

[8] Jamieson P. Designing more effective on-campus teaching and learning
spaces: a role for academic developers [J]. International journal for academic
development, 2003, 8 (1-2): 119-133.

[9] Burda J M, Brooks C I. College classroom seating position and changes
in achievement motivation over a semester [J]. Psychological reports, 1996,
78 (1): 331-336.

[10] Kaya N, Burgess B. Territoriality: seat preferences in different types
of classroom arrangements [J]. Environment and behavior, 2007, 39 (6):
859-876.

[11] Somerville M M, Collins L. Collaborative design: a learner-centered
library planning approach [J] The electronic library, 2008, 26 (6):
803-820.

[12] Appel-meulenbroek R, Groenen P, Janssen I. An end-user's per-
spective on activity-based office concepts [J]. Journal of corporate real estate,
2011, 13 (2): 122-135.

[13] Harrop D, Turpin B. A study exploring learners' informal learning
space behaviors, attitudes, and preferences [J]. New review of academic li-
brarianship, 2013, 19 (1): 58-77.

[14] Yang Z, Becerik-Gerber B, Mino L. A study on student perceptions

of higher education classrooms: Impact of classroom attributes on student satisfaction and performance [J]. Building & environment, 2013, 70 (15): 171-188.

[15] Hemyari C, Zomorodian K, Ahrari I, et al. The mutual impact of personality traits on seating preference and educational achievement [J]. European journal of psychology of education, 2013, 28 (3): 863-877.

[16] Losonczy-Marshall M, Marshall P D. Factors in students' seat selection: an exploratory study [J]. Psychological reports, 2013, 112 (2): 651-666.

[17] [23] Park E L, BO K C. Transformation of classroom spaces: traditional versus active learning classroom in colleges [J]. Higher education, 2014, 68 (5): 749-771.

[18] 王周秀, 许亚锋. 学习空间影响教学行为的实证研究 [J]. 电化教育研究, 2015 (4): 95-102.

[19] Perkins K K, Wieman C E. The surprising impact of seat location on student performance [J]. Physics teacher, 2005, 43 (1): 30-33.

[20] Brian A, Schee V. Marketing classroom spaces: is it really better at the front? [J]. Marketing education review, 2011, 21 (3): 201-210.

[21] Brooks C I, Rebeta J L, et al. College classroom ecology the relation of sex of student to classroom performance and seating preference [J]. Environment & behavior, 1991, 23 (3): 305-313.

[22] 赵瑞军, 陈向东. 学习空间对教师教学行为影响的研究——基于华东师范大学的"新型学习空间" [J]. 远程教育研究, 2017, 35 (4): 77-86.

[23] Amedeo D, Golledge R G. Person-environment-behavior research: investigating activities and experiences in spaces and environments [M]. New York: Guilford Press, 2008: 9-18.

第 4 章

课堂的转型：面向新型学习空间的教与学

A space does not determine behavior, but influence how we act and relate within it in ways that may not be readily observable.

——Amedeo Douglas

学习空间变革已经成为趋势，空间变化对教师教学行为产生了重要影响，不同学习空间中的教师教学行为存在的差异及其原因是进行深入研究的关键。研究新型学习空间中的教师教学行为对进一步了解空间与人的行为的关系，空间使用方法及空间布局与规模对使用体验的影响至关重要。本章主要围绕新型学习空间中教师教学、师生交互及人际距离的相关研究，以案例方式探讨新型学习空间中教师的教学行为变化。

近年来，受益于先进教学理念和信息技术的快速发展，各大学陆续进行学习空间改革的实践探索。继美国北卡罗莱纳州立大学 SCALE-UP 项目、美国麻省理工学院 TEAL 项目、美国爱荷华大学 TILE 项目、美国明尼苏达大学 ALCs 项目、加拿大麦吉尔大学的 TLSWG 项目之后，美国佛罗里达湾岸大学、威斯康星州立大学、亚拉巴马大学、克莱姆森大学、匹兹堡大学、韩国高丽大学等越来越多的高校也积极参与学习空间探索实践中来。国内也出现了以华东师范大学"未来课堂"、北京师范大学"未来学习空间"项目、华中师范大学"未来教室"项目等为代表的关于新型学习空间的探索实践。美国新媒体联盟（New Media Consortium）的地平线报告连续多年指出，重新设计学习空间（Redesigning Learning Spaces）是一个中期发展趋势，未来 3～5 年将会在高等教育中大量应用。面对不断变化的空间，教师和学生如何做出选择、调整与适应，空间的变革有没有达到我们预期的教学变革。

随着各高校对新型学习空间的改革探索，针对新型学习空间的实证研究也相继展开，这些研究都是基于某些假设进行的。Amedeo 等人曾提出关于空间和人们行为关系的三个假设：第一个假设是空间和人们行为不是直接的因果关系，但空间对人们的活动和体验会产生巨大影响，即空间决定不了行为，但会影响我们的行为。第二个假设是空间的意义主要取决于个体参与情境时对空间性能的体验，即个体如何使用空间决定了其对空间的体验。第三个假设是空间受结构和规模影响，即一个空间的物理布局和规模可以限制或促进个体的操作和体验[1]。到目前为止，这此假设并没有得到严格的实证检验。基于这些假设，研究者们从不同角度展开了针对学习空间的研究。Brooks 等人归纳了关于学习空间研究的三个主要脉络：一是聚焦学习空间设计的建筑特点对教学创新的潜力；二是没有实证支持的规范性、理论性陈述；三是在新型空间中的教学方法[2]。基于 Amedeo 等人的假设，聚焦学习空间对教师教学行为的影响，主要包括教师教学方法的变化、学生互动及师生空间距离等方面。

4.1 新型学习空间中教师的教学方法

空间直接影响教师的教学行为。首先，新型空间的特征功能为教师改革教学方法提供了机会和可能。Jankowska 等人指出，可视化和美学方面与独特的技术、可书写的墙和灵活的布局是空间中最有力的特征，这些可以增强学习气氛，提供专业实践实施的机会[3]。Whiteside 等人研究发现，传统教室的内在特征使得教师更多进行讲授，而主动学习空间（ALCs）的特征和布局则使得教师更易于组织小组活动和课程讨论[4]。Horne 等人指出，

TILE 教室提供了一个促进协作学习和使用传统教室无法应用可能的教学方法的环境[5]。其次，教学方法的改革进而引起教师角色的转变。Alexander 等人指出，主动学习教室不但有利于协作类项目的开展，而且使教师从信息传授向学习指导者的角度转变[6]。杨小峻等人基于不同学习空间，得出教师采用"翻转课堂+特定教学策略"能够显著提升学生的分析能力、认知成熟度，进而促进批判性思维的形成[7]。

然而，空间的改革只是为教师改进教学方法提供了机会和可能，实践中这种机会和可能能否够变成现实，许多研究者进行了实证性研究，Brooks 通过比较相同教师使用相同的教学方法在主动学习空间（ALCs）和传统教室中的教学得出，在主动学习空间中，教师讲授比传统学习空间中要少，教师在讲台上的行为比传统课堂中要少。但在小组活动方面两者并不存在显著差异[8]。类似地，Stoltzfus 等人通过比较传统空间和 SCALE-UP 对学生成绩的影响，得出学生表现在两类空间中没有显著差别，他指出是强调合作的主动学习教学方法而不是 SCALE-UP 空间的特征影响学生的表现，因此建议调整现存教室以提高学生参与度，而不需要整合昂贵的技术[9]。为验证教学方法变化对教学的影响，Brooks 等人进行了后续实证研究，将空间作为常量，教师使用不同的教学方法，即都在主动学习空间（ALCs）中进行，比较主动教学方法和传统的讲授方法对学生学习的影响，研究最终得出，改变教学方法以适应空间的变化对学生各种能力的培养有积极的影响[10]。

由此可见，空间变化对教师教学有重要影响，但这种影响是非常复杂和不清晰的。教师教学方法的改变在很大程度上取决于教师对空间利用的方式和程度，因此，空间如何影响教师去改变教学方法，进而影响学生表现仍然是实践中值得关注的重点内容。

4.2　新型学习空间中师生互动

学生作为空间使用的另一主体，空间对学生也产生了重要影响。首先，研究者们认为新型空间的特征功能可以支持学生进行课堂协作和小组工作的开展。Alexander 等人指出，主动学习教室可以有效促进学生协作和小组工作，积极讨论，并支持他们变得更加健谈和积极参与[11]。其次，研究者们认为新型空间可以促进师生互动和参与。Weston 等人通过研究得出，教与学空间工作小组（Teaching and Learning Spaces Working Group）项目促进了教师与学生之间的互动，空间设计促进了积极的学生的出勤及课堂活动参与度[12]。Wilson 等人通过重新把空间设计成豌豆荚形状（每个桌子配有六把椅子）来检验两类空间中教学与学习的不同。研究得出，学生和教师都感到重新设计的空间增强了教师和学生之间的互动性，有助于小组工作和提高学习效果[13]。Neill 等人通过将传统空间重新设计成灵活学习空间得出，新型空间增加了学生参与、协作、灵活性[14]。此外，也有研究者从空间支持学生创新能力和促进课堂对话的角度进行了研究。Davies 等人通过对学龄期儿童（K–12）教育项目综述的元分析得出物理环境有助于学生创新能力的培养和师生之间的交流[15]。Beichner 等人研究得出，和同期传统课堂相比较，新型空间中增加了与其他学生互动的机会，可以更多地参与课堂讨论，可以进行更多的师生间的个别指导及获得更好的测验成绩[16]。许亚锋等人通过采用准实验研究方法对比研究学习空间与传统教室对学生学习的影响，得出学习空间能够有效促进学生参与、社会性交互、学生理解相关概念及掌握基本操作[17]。

似乎是空间的特征功能促进了学生课堂活动的积极表现，然而，情况并非那么简单，如同空间对教师的影响，空间对学生的影响也是复杂的。Brooks 在其研究中发现，虽然两类空间中教师的讲授和教师留在讲台上的行为存在显著差异，但学生的小组活动方面不存在显著差异[18]。Brooks 进一步解释，因为在不同空间中教师采用了同样的基于小组的问题解决教学方法，所以自然没有显著差别。Stoltzfus 等人的研究显示，是主动学习的教学方法，而非空间特征影响学生的学习表现[19]。

由此可见，研究者认为空间对学生的学习有重要影响，但空间如何影响学生在学习中的具体表现，则各有各的看法。也许就像 Brooks 的研究得出的因果关系，由于空间促成教师行为和课堂活动，教师行为和课堂活动又促成学生任务行为，因此空间促成学生的任务行为[20]。所以，空间对学生学习的影响在很大程度上取决于教师的教学行为。新型学习空间的设计者们期待空间的变化促进学生课堂互动的数量与质量，但需要教师主动适应新型空间，采取有利于发挥新型空间功能的教学方法，才能带来有利于提高学生参与度的教学改变。因此，空间如何通过支持协作学习进而影响学生互动也是研究的重要内容。

4.3 新型学习空间中师生的人际距离

师生空间距离关注教师在空间的位置、移动性，以及学生在空间的位置、彼此距离等，课堂中师生和生生间的空间距离变化也会对教学产生影响。Hall 曾提出人际空间距离（Proxemics），指人与人交往时双方所形成的物理上的空间距离，不是社会距离更不是心理距离。Hall 依据空间要素的可移动性，将空间分为固定特征空间（fixed-feature space）、半固定特征空间（semi-fixed-feature space）和非正式特征空间（informal space）。固定特征空间指以建筑物为代表的、有围墙的、固定的空间；半固定特征空间是指以家具及其布局为代表的、可变的空间；非正式特征空间则是指围绕个人各个方位的距离而形成的，是个人空间体验[21]。按照 Hall 的分类，当前的新型学习空间则是在从固定特征空间向半固定特征空间变革进程中。在新型学习空间这种半固定特征空间中，教师可以根据不同需求，通过调整桌椅布局建构社会身心空间，从而促进师生交流。Mcarthur 提出了教学空间距离（Instructional Proxemics）的概念，即信息设计和教学传播的结合，教学传播包括空间设计、空间内学习的评估和使用[22]。

教学空间距离的研究主要集中在以下几个方面：首先，新型空间的灵活布局，增加了教师在空间中的移动性，很大程度上缩短了师生之间、生生之间的空间距离。Baepler 等人指出，在主动学习空间（ALCs）中，圆形桌子替代一排排固定座位和过道，缩短了师生的空间距离，教师可以在空间内来回移动和走近每一位同学，方便教师同学生建立联系、与小组协商、评价小组工作等[23]。Henshaw 等人研究发现，教师位于前方讲台位置的时间明显减少，新型空间能够促进社会性交互，并且有助于讲授、讨论与合作学习方式的相互转换[24]。其次，新型空间能够最大限度地为每个学生提供合适的位置。Sommer 研究发现，坐在教室前方和中间的学生比坐在后边或边上的更可能成功参与课堂中。因此，他建议要改变教学实践，创建出对每位学生最有效的学习空间[25]。此外，Mcarthur 进一步研究了教学空间距离在多大程度上影响学生行为、情感和认知学习，教学环境影响学生的学习结果，这些影响受到教师的调节[26]。他指出，空间通过大量而有意义的方式影响学生学习，这种影响非常容易受到教师的调节和减缓。当教室变得更加灵活后，其对学生学习的影响就被教师调节。如果教师可以很好地利用空间的功能则可以达到相对于传统空间较好的学习效果；如果教师感到受空间的阻碍，则不如传统空间所取得的学习结果。

由此可见，新型学习空间的灵活布局，桌椅的移动性促进了师生空间距离的变化，进而影响教师的教学行为和学生的学习表现。但新型空间如何促进师生与生生之间的空间距离变化，空间距离变化对教师教学行为和学生学习表现的影响方式及影响程度仍不明确。因此，从空间距离角度来剖析空间变化对促进师生互动和生生互动等教学行为也是我们的研究内容。

4.4 案例研究

为了深入探讨新型学习空间对教师教学行为的影响，以华东师范大学的新型学习空间为例，通过对比 11 位教师在新型学习空间和传统学习空间的课堂教学情况，综合运用视频分析和教师访谈方法分析了真实环境下的课堂教学行为差异及其原因。

研究发现，新型学习空间教学结构中讲授比例大幅降低，教师倾向使用小组汇报的方式开展教学，师生空间距离明显缩短。但是在小组互动、教师提问及指导、技术使用方面，两种空间不存在显著差异，原因主要是空间大小影响教学互动及指导的开展，教师前期准备影响其空间使用行为，空间的灵活性和布局比空间所具技术功能对教师的影响更大。

4.4.1   研究问题

由于学习空间对人们行为影响的复杂性，特别是在教师教学行为、学生课堂表现及空间距离等方面的影响仍然不够清晰，为了进一步了解现实情境中教师在不同空间中的教学行为、学生学习活动表现及空间距离等方面存在的差异及其原因，我们决定开展此项研究。

研究选取华东师范大学的一批新型学习空间为研究对象，运用课堂观察、课堂视频分析和访谈等方法，对教师在新型学习空间中的教学行为和其在传统学习空间中的教学行为进行对比分析，以观察教师在空间变化的情况下，教学结构、师生空间距离、课堂互动等行为的变化，了解教师在不同空间中教学行为的变化情况。

4.4.2   研究对象

华东师范大学新型学习空间建于 2012 年，以华东师范大学"未来课堂"为原型，同时参考国际新型学习空间案例，结合本校教学实际设计而成。之所以称为新型学习空间，是因为其在功能设计上除具有普通多媒体教室的功能外，还对支持协作学习方面进行专门设计，其特点于功能见表4-1。与普通的多媒体教室相比，新型教室空间不论是在空间布局方面，还是在信息技术功能增强方面，都有很大的改变[27]。

表 4-1   新型学习空间的特点与功能

特点	功能支持
灵活可移动的桌椅	有助于教师和学生按需自主调节，增强学生的课堂舒适感，提升课堂参与的愉悦度
六边形围座桌椅布局	有助于课堂小组协作、互动讨论的开展
双屏显示与操作（系统）	有助于教学内容的呈现、方便学生多角度观看教学内容
电子白板	可代替传统教室中的黑板，同时具有部分学科辅助工具和资源

新型学习空间有 24 人和 36 人两种配置，即 4 个六边形和 6 个六边形，本研究涉及的课程全部在 36 人空间中进行。6 张桌子围成的六边形可坐 6 人，配备 2 块电子白板及电磁书写笔，投影设备、空调、灯光、音响等设备齐全，教学软件可实现双屏、同屏和异屏呈现信息，空间中已经覆盖无线网络，空间布局如图 3-2（36 人配置）所示。

这批新型学习空间自 2012 年建成后，每个学期会安排不同类型的课程，但新型空间的使用情况还未进行过研究，因此，本研究也是对新型学习空间应用情况的检验。我们选取 2016 年秋季学期在这批新型教室上课的 11 位教师为数据采集对象，通过对比其在新型空间和传统空间的教学情况，来观察空间变化对教师教学行为的影响。11 位教师中男性 6 人，女性 5 人；正高职称 4 人，副高职称 4 人，中级职称 3 人；专业研讨课 5 门，英语类公共课 4 门，专业必修课 2 门，在新型空间中上课的学生共计 316 人。此外，还对每位教师在传统多媒体教室的相同性质的一门课程进行课堂观察与视频录制，以便对比分析。

4.4.3　研究方法与工具

本研究采用量化研究与质性分析相结合的方法进行。量化研究主要针对教师课堂教学行为数据的变化情况进行分析。为了便于对比分析，本研究对 11 位教师在传统多媒体教室与新型空间的课堂进行视频录制，每位教师录制学期中期 3~6 次课，历时 2 个月。然后从录制的视频中进行抽样，每位教师抽取传统空间与新型空间各 1 次课进行视频观察与分析。通过制定教师教学行为视频分析框架来比较不同教师在新型空间和传统空间教学行为的差异。质性分析主要是利用扎根理论对教师访谈数据进行质性分析，包括教师在新型学习空间的使用体验、满意度、使用建议等方面的内容，以了解教师教学行为变化的深层原因。量化数据使用 SPSS Statistics 24 来进行分析，质性分析使用 QSR Nvivo 11 来进行处理。

（1）视频分析框架设计

依据我们研究的问题，主要从考察教师教学行为、学生学习活动表现、师生空间距离等角度出发来设计视频分析框架。Brooks 以他们设计的课堂数据采集工具为依据，设计开发了课堂数据分析框架，包括课堂活动（讲授、小组活动、讨论、问答）、内容传递（PowerPoint、白板）、教师行为（教师在讲台、不在讲台，协商、非协商）、学生行为（高任务参与、中任务参与、低任务参与）[28]。

参考 Brooks 的课堂分析框架，结合本研究涉及的新型空间的特点，我们对其进行了改进，将"课堂活动""教师行为"和"学生行为"组合在一起形成"教学方法"维度；由于教师课堂教学内容的传递基本采用 PPT 的方式，所以去掉了"内容传递"维度；增加了"技术使用"和"教师特色教学策略"维度。最终形成了主要以微观教学事件为考察对象，结合新型教室空间对教学支持的特点，"教学方法""技术使用""教学特色"3 个维度、10 个教学事件的课堂教学视频分析框架，具体编码见表 4-2。

表 4-2　教师教学行为编码分析框架

维度	编码		频次/比例	表述
教学方法	1. 讲授比例			教师讲授时间占课堂总时间的比例
	小组协作交流	2. 小组汇报（预设性）		小组汇报、情景展示等协作活动次数
		3. 小组互动（生成性）		小组汇报结束后生生互动、师生互动问答次数
	课堂师生互动	4. 师生互动（生成性）		教师提问学生、学生主动向教师提问等次数
		5. 课堂讨论		教师组织课堂讨论次数
		6. 教师指导		教师对单个学生或小组进行指导交流次数
	7. 教师离开讲台的时间			教师不在讲台的时间占课堂总时间的比例

维度	编码		频次/ 比例	表述
技术 使用	技术使用	8. 教师板书		传统空间中教师在黑板板书的次数，新型空间中教师使用电子白板板书的次数，或利用Word，PPT 等替代板书的次数
		9. 其他技术的使用		教师在课堂中使用音频、视频、手机等终端、网络教学平台等的次数
教学 特色	10. 特色教学策略			教师使用的特色教学策略的次数

　　"教学方法"维度主要是对教师教学方法，课堂小组协作及师生互动、空间距离变化等内容的考察；"技术使用"维度则考察新型空间的技术特征对教学的影响；"教学特色"维度则考察空间变化对教师特色教学策略的影响。

　　"教学方法"维度包括 1~7 的教学事件，编码 1 为体现教学结构的教师讲授时间比例，通过统计教师课堂讲授时间占课堂教学总时间的百分比而得出；编码 2 和编码 3 构成体现小组协作交流部分，编码 2 用于统计以预设性为主的小组汇报或情景展示的频次，编码 3 用于统计以生成性为主的小组互动发生的频次，包括生生互动、师生互动；编码 4~6 构成课堂师生互动部分，编码 4 用于统计课堂中生成性的师生互动行为频次，编码 5 用于统计课堂中教师组织讨论的频次，编码 6 用于统计教师在课堂中进行的个人或小组交流频次。需要说明的是，编码 3、4 中的师生互动是互斥的。编码 3 指课堂中小组汇报后发生的针对小组汇报主题的生生互动和师生互动，编码 4 指教师在除小组汇报之外的课堂活动中发生的师生交互活动。

　　"技术使用"维度包括 8~9 教学事件，编码 8 用于统计教师在课程中使用板书的频次，教师在传统空间的板书是黑板板书，教师在新型空间中板书是用电子白板来进行板书，或用 Word、PPT 等来替代板书；编码 9 用于统计教师在课堂中使用其他技术的频次，包括视频和音频的使用，以及个人终端和网络教学平台的使用等。

"教学特色"维度，即编码 10 用于统计教师在课堂教学过程中使用的以上编码未涉及的教学策略与方法的频次，从而了解教师的个性化教学特色。

（2）访谈提纲设计

为了解教师在使用新型学习空间的具体体验、态度、存在的问题及改进建议等，我们设计了教师访谈。访谈实施分为预访谈、正式访谈和数据分析三个步骤。Parsons 为了解教师使用 "Blount Classroom" 的体验，设计了一个包括总体评价、学科影响、空间和技术影响对学生不同能力的培养等方面内容的半结构化访谈提纲[29]。我们在 Parsons 基础之上，结合课堂观察，对本研究的教师访谈提纲进行设计。教师访谈提纲设计分为两个阶段，即试用提纲和正式提纲。试用提纲通过预访谈的方式发现设计问题，以完善正式提纲的全面性、逻辑性和有效性。正式提纲是在试用提纲进行预访谈后进行资料分析的基础上修改完善而成的。正式访谈提纲最终确定为 8 个问题：主要涉及使用感受，对新型学习空间的满意度，从教师的角度感知到的学生在新型空间中的表现，对新型学习空间的改进建议，总体评价及继续使用意愿等。

4.4.4　数据分析

根据研究问题和研究对象的特点，我们首先运用 QSR Nvivo 11 对抽取的课程视频进行视频编码，然后运用 SPSS 24 统计软件对编码数据进行独立样本 T 检验和相关性分析，最后运用 QSR Nvivo 11 软件对教师访谈数据进行了质性分析，具体检验数据及结果如下：

（1）教师课堂讲授比例

关于教师课堂讲授时间比例，新型空间平均值为 44.36%，传统空间平均值为 74.82%，两者相差 30.46%。首先进行 F 检验，F 统计量的观察值为 5.563，对应的 P 值为 0.029，小于 0.05，两总体的方差有显著差异。因此，查看假设方差不相等的 T 检验，t 统计量的观测值为 -3.903，对应的双尾概率 P 值为 0.001，小于 0.01，即在 0.01 显著性水平上存在显著性差异，说明教师讲授时间比例在不同类型教室中存在着显著差异，也就是说，教师在新型教室的讲授比例比在传统教室的讲授比例要低，见表 4-3。

表 4-3　教师讲授比例的差异性检验

基本统计量					独立样本 T 检验				
讲授时间比例	N	Mean	Std. Deviation	Std. Error Mean	Levene's Test	F	Sig.	t	df	Sig. (2-tailed)
新型空间	11	0.443 6	0.231 38	0.069 76	方差相等	5.563	0.029	-3.903	20	0.001
传统空间	11	0.748 2	0.116 03	0.034 98	方差不相等			-3.903	14.730	0.001

　　教师讲授比例在新型空间与传统空间存在显著性差异，说明在新型空间中，教师讲授时间比例更少。教师课堂讲授时间的减少导致教学结构发生变化，为其他教学活动的开展留出了充分的时间。

　　（2）师生空间距离变化

　　我们以"教师离开讲台的时间比例"来分析师生空间距离的变化情况。通过观察，教师离开讲台时间比例，新型空间中的平均值为 62.06%，传统空间中为 37.61%，二者相差 24.45%。从 F 检验结果来看，F 统计量为 0.03，对应的 P 值为 0.956，大于 0.05，两总体方差不显著。因此，查看对应的假设方差相等，对应的 T 检验的 P 值为 0.029，小于 0.05，即在 0.05 显著性水平上存在显著性差异，见表 4-4。

表 4-4　教师离开讲台差异性检验

基本统计量					独立样本 T 检验					
教师离开讲台的时间比例	N	Mean	Std. Deviation	Std. Error Mean	Levene's Test	F	Sig.	t	df	Sig. (2-tailed)
新型空间	11	0.620 6	0.262 94	0.079 28	方差相等	0.003	0.956	2.355	20	0.029
传统空间	11	0.376 1	0.222 31	0.067 03	方差不相等			2.355	19.462	0.029

教师离开讲台的时间比例在新型空间和传统空间中存在显著性差异，说明教师在新型空间中停留在讲台上的时间减少，教师更倾向于走下讲台，走近学生，师生空间距离因此发生重要变化。

(3) 小组协作交流情况

小组协作交流中包括小组汇报和小组互动，由统计结果可见，F 统计量为 3.536，对应的 P 值为 0.075，大于 0.05，二者不差异显著，因此查看假设方差相等的 T 检验，对应的 T 检验 P 值为 0.032，小于 0.05，两总体存在显著性差异；而小组互动的数据二者没有显著性差异，见表 4-5。

表 4-5　小组协作交流的差异性检验

基本统计量					独立样本 T 检验					
小组报告	N	Mean	Std. Deviation	Std. Error Mean	Levene's Test	F	Sig.	t	df	Sig. (2-tailed)
新型空间	11	1.91	1.514	0.456	方差相等	3.536	0.075	2.298	20	0.032
传统空间	11	0.73	0.786	0.237	方差不相等			2.298	15.031	0.036

续表

基本统计量				独立样本 T 检验					
小组交互	N	Mean	Std. Deviation	Std. Error Mean	Levene's Test	F	Sig.	t	df	Sig. (2-tailed)
新型空间	11	10.18	8.897	2.683	方差相等	0.047	0.831	0.823	20	0.420
传统空间	11	7.09	8.723	2.630	方差不相等			0.823	19.992	0.420

　　就小组活互动来看，虽然两类空间中没有显著性差异，但从均值来看，新型空间中的小组互动数量明显高于普通空间。从详细数据来看，在 11 位教师的课程中，有 4 位教师（T7、T8、T10、T11）在新型空间中比传统空间中的小组交互活动要多，且差别较大；有 4 位教师（T1、T4、T5、T9）在新型空间比传统空间中的小组交互活动少，但差别较小；另有 3 位教师（T2、T3、T6）在两类空间中都没有小组交互活动，如图 4-1 所示。

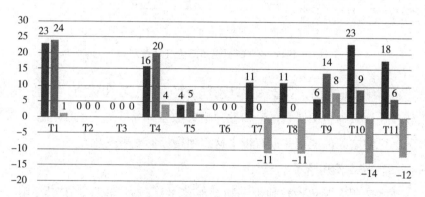

图 4-1　两类空间小组协作交流差别

　　小组协作交流数据结果说明，在新型空间中，教师更倾向于使用小组汇报这种课堂活动；在小组互动方面，不同的教师在新型空间与传统空间中呈现出不一致的情况。预设性的小组汇报采用说明教师依据空间变化进行了必要的教学策略改变，生成性的小组互动不足则反映了小组互动还不够深入。

（4）师生互动情况

师生互动包括师生互动、课堂讨论和教师指导。3 项指标在统计上均不存在显著差异，但从均值来看，师生互动和教师指导在新型空间中比传统空间中要多。从具体数据来看，有 8 位教师（T2、T3、T4、T6、T8、T9、T10、T11）在新型空间中的师生交互多于传统空间，有 3 位教师（T1、T5、T7）在新型空间中的师生交互少于传统空间；关于课堂讨论，11 位教师中只有 4 位教师使用，新型空间（T2、T3）和传统空间（T7、T8）各有 2 位教师使用；关于教师指导，有 5 位教师（T2、T4、T7、T8、T9）在新型空间中使用了教师指导，如图 4-2 所示。

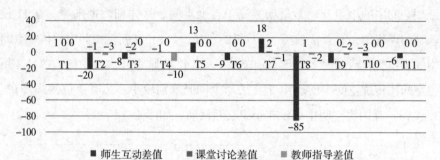

图 4-2 两类空间师生互动差别

从详细数据来看，课堂师生互动部分考察的三项指标中，师生互动数量较多，而教师组织课堂讨论和教师指导数量非常少，三者不存在显著性差异，说明空间的变化并没有带来这三项指标的显著变化。

（5）技术使用情况

技术使用主要包括教师板书和其他技术（音频、视频、手机终端、网络教学平台等）的使用。教师在技术使用方面两类空间中也不存在显著性差异。从详细数据来看，有 7 位教师（T1、T2、T4、T6、T7、T9、T10）在传统空间中的板书比在新型空间中多，且差别较大；有 2 位教师（T3、T5）在传统空间中比在新型空间中少，但差别不大；还有 2 位教师（T8、T11）在两类空间中都没有使用板书。关于其他技术使用方面，有 5 位教师（T1、T2、T3、T5、T11）在新型空间比在传统空间中使用多，有 2 位教师（T4、T6）在新型空间中比在传统空间中使用少，有 4 位教师（T7、T8、T9、T10）在两类空间中都没有使用其他技术，如图 4-3 所示。

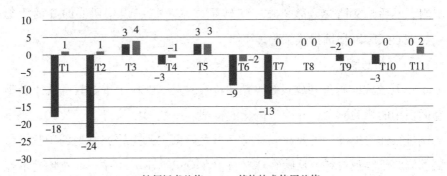

图 4-3　两类空间技术使用差别

从详细数据来看，板书是教师在课堂中最常用的技术，而且由于传统空间板书的便利性，教师在传统空间中使用的频次要多于新型空间；其他技术在两类空间中使用的频次都比较少，新型空间所具有的技术功能基本都没有发挥出来。

（6）教师特色教学策略

从视频分析来看，有 6 位教师使用了不同的特色教学策略，包括课程开始后让学生进行冥想活动（2 次）、微信红包（2 次）、提问加分（2次）、进步奖励（2 次）、信息互动游戏（1 次）、积分抽奖（1 次）等特色教学策略，其中，信息互动游戏和积分抽奖只在新型空间中用过，其余四种分别在两种空间中使用过。可见，教师在新型空间中使用的特色教学策略稍多于传统空间。教师特色教学策略的使用对于激发学生学习兴趣、提高课堂活跃度、增加师生互动、增进师生感情等有积极的作用。

（7）教师访谈数据

按照研究设计，我们对 11 位授课教师进行了半结构化访谈。访谈过程分为预访谈、正式访谈和数据分析三个步骤。预访谈是在试用提纲的基础之上进行，用于修改完善正式访谈；正式访谈是在新型学习空间中，利用教师的课后时间进行的，保证了访谈过程中不受打扰，在征得访谈对象同意的情况下进行了录音；数据分析主要是运用扎根理论的方法，借助 QSR Nvivo 11 软件对访谈数据进行了编码分析。首先进行文本转录，形成文档材料；然后将文档导入软件中，对转录文本进行三层编码，即开放式编码、轴心式编码和选择式编码。

① 分析过程。

a. 开放式编码。开放式编码是在转录的文本资料中查找教师关于新型空间使用的相关概念，并确定概念的特征、属性和结构等。开放式编码事先不进行任何预设，需要研究者摒弃个人偏见和预想研究结论的干扰，做到编码源于客观材料，反映客观材料。在 QSR Nvivo 11 中，通过创建节点的方式来建立概念。在创建节点时，要确保节点简洁、独立，即每个概念要与其他概念互斥。通过对 11 份访谈材料的开放式编码，我们初步产生了近 100 项节点。例如 "电子白板" "空间大小" "桌椅布局" "互动性" "教学气氛" "小组工作能力" "教学风格" "培训" 等节点，运用 QSR Nvivo 11 软件进行开放式编码的过程如图 4-4 所示。

图 4-4　教师访谈质性分析过程

b. 轴心式编码。轴心式编码是在开放式编码形成的概念之间寻找相互联系，将各个概念按照某种关系进行归类与调整，目的是为了形成更具概括性的范畴。在 QSR Nvivo 11 软件中通过创建层级节点的方式形成范畴，运用剪切、复制及拖动节点的方式来进行操作。编码中需要注意，每个节点在整个层级中出现一次，保证互斥性；不能将多个概念组合在一个节点中，这样不利于范畴的形成；层级也不宜超过 3 层，容易造成混乱；不相关的节点留在顶级，以待调整；最重要的是要及时对节点进行删减，合并重新整理和命名等。在前期开放式编码的基础上，通过不断重复整理，我们形成了 7 条教师使用新型空间的次级范畴，包括"对教师的影响、空间适用性、空间特征、对学生的影响、学校支持、问题及改进建议"等，进一步将统整为"有用性、易用性和组织支持" 3 个主要范畴，见表 4-6。

表 4-6 教师访谈材料的主要范畴

主要范畴 （顶级节点）	次级范畴 （二级节点）	概念（所含主要节点）
1. 有用性	1.1 空间适用性	教学方法、课程类型、教学风格等
	1.2 对学生的影响	小组工作能力、意见表达能力、注意集中能力、舒适感等
2. 易用性	2.1 空间特征	桌椅布局、桌椅形状、电子白板、无线网络、双屏显示、移动性、便利等
	2.2 对教师的影响	满意度、新奇、人性化、继续使用意愿等
	2.3 问题	培训投影清晰度、黑板，学生扭头不适等
3. 组织支持	3.1 学校支持	学校安排、培训、管理员等
	3.2 改进建议	增大空间、增大数量、增加桌椅的灵活性等

c. 选择式编码。选择式编码是在轴心式编码的基础之上确定一个能够统领整个概念和范畴体系的"核心类属"，我们根据研究的问题及前期的分析结果，将核心类属最终确定为"教师接受新型空间的影响因素"。根据这一核心类属，可以得出我们资料的故事线：教师对新型空间首先感到新奇、愉悦，明确这种空间的技术特征有助于教学和学生学习，加上操作使用便利，因此愿意在实践中使用，但使用中也遇到了一些问题，影响教

师的使用效果，进而给出各自的改进建议。

② 分析结果。

a. 有用性影响教师对空间的态度。分析得出，教师普遍认为此类新型学习空间更适合小班化教学、讨论式教学，以及研讨型和头脑风暴式等讲授内容少而互动多的课程，如基于任务的、小组工作的创新创业类课程；也有部分教师提到这种空间更适用于硕士和博士阶段的研讨型课程。可见，教师对新型空间的适用性有各自的看法，只有在其认为有用的前提下，才会更加积极地进行应用。

b. 易用性影响对空间的使用。分析得出，多位教师反复提到现有新型学习空间较小，在学生都坐好的情况下，中间就没有走路的过道，课堂中教师想走近各个小组就存在困难，建议通过更换小型，或减少桌椅数来增大师生活动空间。这使我们找到了在新型学习空间中小组互动、教师指导不足的原因。新型空间中的技术功能也是如此，是否便于操作直接影响教师的使用意愿。

c. 组织支持影响空间利用率。分析得出，虽然教师愿意参与此次新型学习空间的改革，但教师在使用前没有做好相应的准备工作，会影响使用效果。缺乏相关部门组织技术应用培训，以及与空间使用相关的教学方法的培训，甚至连功能介绍和操作说明都没有，教师们在短期内无法适应新型空间的教学，完全靠自己摸索，严重影响了空间的利用率，这也是在技术使用方面及课堂中互动不足的原因。

4.4.5　总结与讨论

本研究对教师在不同学习空间中的教学行为变化进行了初步探索，通过比较教师在真实情境下新型学习空间和传统学习空间中的课堂教学视频发现，教师的教学结构发生了变化，新型空间中教师倾向于少讲授，多组织学生小组汇报；师生的空间距离发生变化，教师在课堂中离开讲台的时间比例增大，倾向于走下讲台，走近学生；空间大小影响教师的教学行为，足够的空间是保证教师课堂移动性的重要条件；教师在使用前进行必要的准备会影响其对空间的使用效果；教师特色教学策略是教师尝试进行教学改革而进行的有益尝试。这些结论为了解新型学习空间中教师教学行为变化的基本情况提供了参考，同时部分印证了 Amedeo 等人提出的三个假设，即空间间接影响我们的行为，影响作用取决于个体如何对待和使用空间，空间的结构和规模限制或促进个体的体验[30]。

（1）空间灵活性影响教学活动的开展

依据本研究的数据，我们发现小组汇报和师生互动部分在两类空间中不存在显著性差异，换句话说，空间的变化对这两个方面影响不大。访谈中多位教师反复提到，现有的新型空间中师生活动空间过于狭小，桌椅大而笨重，不够灵活，使得教师在课堂中无法走近个人或小组，必定会影响教学互动的开展。倘若新型学习空间不能够实现教师灵活移动，不便于走近学生，则与传统空间没有太大差别，也因此不可能达到我们最初的期望。

（2）新型空间的结构布局比技术对教师的影响更大

我们从教师的课堂视频分析数据及教师的访谈中了解到，新型空间的结构布局相比技术来说，对教师的影响更大。空间结构布局的变化带给教师的影响是直接的、显性的，教师更容易根据空间结构布局的变化来改变自己的教学方式，而不需要太多时间成本即可实现；空间中的技术应用则需要教师具有较高的信息技术素养，且需要花一定的时间去学习和熟悉新型技术功能的使用，还要思考新型功能与教学内容的有效整合，因此，新型空间中技术功能对教师的影响是间接的、隐性的，这也是在本研究中讲授比较和小组汇报有显著性差异而技术应用相对较少的主要原因。

参考文献

[1] Amedeo D, Golledge R G. Person–environment–behavior research：investigating activities and experiences in spaces and environments［M］. Guilford Press, 2008：9-18.

［2］Brooks D C, Walker J D, Baepler P. Editors' Notes［J］. New Directions for Teaching and Learning, 2014: 1-8.

　　[3] Jankowska M, Atlay M. Use of creative space in enhancing students' engagement [J]. Innovations in Education and Teaching International, 2008, 45 (3): 271-279.

　　[4] Whiteside A, Brooks D C, Walker J D. Making the case for space: Three years of empirical research on learning environments [J]. Educause Quarterly, 2010, 33 (3): 11.

　　[5] Horne S, Murniati C T, Saichaie K, et al. Using Qualitative Research to Assess Teaching and Learning in Technology-Infused TILE Classrooms [J]. New Directions for Teaching and Learning, 2014, 2014 (137): 17-26.

　　[6] [11] Alexander D, Cohen B A, Fitzgerald S, et al. Active learning classrooms pilot evaluation: Fall 2007 findings and recommendations [J]. University of Minnesota. Retrieved July, 2008, 11: 2014.

　　[7] 杨小峻, 许亚锋. 翻转课堂在高校少数民族应用型人才培养中的实践效果——基于学习空间的准实验研究 [J]. 远程教育杂志, 2016, 04: 65-73.

　　[8] [18] [20] [28] Brooks D C. Space and consequences: The impact of different formal learning spaces on instructor and student behavior [J]. Journal of Learning Spaces, 2012, 1 (2).

　　[9] [19] Stoltzfus J R, Libarkin J. Does the Room Matter? Active Learning in Traditional and Enhanced Lecture Spaces [J]. CBE-Life Sciences Education, 2016, 15 (4): 68.

　　[10] Brooks D C, Solheim C A. Pedagogy matters, too: The impact of adapting teaching approaches to formal learning environments on student learning [J]. New Directions for Teaching and Learning, 2014 (137): 53-61.

　　[12] Weston, C, Finkelstein, A, Ferris, J, Abrami. Principles for designing teaching and learningspaces. [J]. Montreal: Teaching and Learning Services, Mc Gill University, 2010.

［13］Wilson G, Randall M. The implementation and evaluation of a new learning space: a pilot study ［J］. Research in Learning Technology, 2012, 20.

［14］Neill S, Etheridge R. Flexible learning spaces: The integration of pedagogy, physical design, and instructional technology ［J］. Marketing education review, 2008, 18（1）: 47-53.

［15］Davies D, Jindal-Snape D, Collier C, et al. Creative learning environments in education—A systematic literature review ［J］. Thinking Skills and Creativity, 2013, 8: 80-91.

［16］Beichner R J, Saul J M, Abbott D S, et al. The student-centered activities for large enrollment undergraduate programs（SCALE-UP）project ［J］. Research-based reform of university physics, 2007, 1（1）: 2-39.

［17］许亚锋, 塔卫刚. 学习空间对学生学习的影响研究 ［J］. 远程教育杂志, 2014, 05: 82-89.

［21］Hall E T. The Hidden Dimension ［J］. Hidden Dimension, 1966, 6（1）: 94.

［22］［1］JAI Mcarthur. Instructional Proxemics: Creating a place for space in instructional communication discourse ［J］. Dissertations & Theses-Gradworks, 2008.

［23］Baepler P, Walker J D. Active learning classrooms and educational alliances: Changing relationships to improve learning ［J］. New Directions for Teaching and Learning, 2014, 2014（137）: 27-40.

［24］Henshaw R G, Edwards P M, Bagley E J. Use of swivel desks and aisle space to promote interaction in mid-sized college classrooms ［J］. Journal of Learning Spaces, 2011, 1（1）.

［25］［1］Sommer R . Personal space: the behavioral basis of design ［J］. Architects, 1969: 176.

［26］McArthur J A. Matching Instructors and Spaces of Learning: The impact of classroom space on behavioral, affective and cognitive learning ［J］.

Journal of Learning Spaces, 2015, 4 (1).

［27］陈卫东，张际平. 未来课堂设计与应用研究——教育技术研究的一个新领域［J］. 远程教育杂志，2010，04：27-33.

［29］Parsons C S. Space and consequences：The influence of learning spaces on student development and communication［D］. The University of Alabama TUSCALOOSA，2015：164.

［30］Amedeo D, Golledge R G. Person-environment-behavior research：investigating activities and experiences in spaces and environments［M］. Guilford Press，2008：9-18.

第 5 章

适应与改变：新型学习空间中的教师决策

There was an a priori intention, rather than a gradual evolution,
regarding classroom utilization.

——Anastasia S. Morrone

新型学习空间的灵活性、结构布局会对教师的教学行为产生重要影响，进而影响教与学的效果。然而，在具体的教学实践中，新型空间的使用效果会因教师个人应对空间的态度、使用意愿及使用体验而有所不同。本章围绕空间要素对人的行为的影响、空间中老师的环境适应能力，以及空间对教师教学决策的影响展开阐述，并以案例的方式介绍新型学习空间对教师教学决策的影响过程。

21 世纪的教育正面临着许多新型变化，数字土著一代的学生个性特点、信息技术对教育教学的影响，以及我们对教育的理解等都在不断变化，这些新型变化对传统的学习空间提出了挑战[1]。瑞典学者爱芭·奥西恩尼尔森指出，为培养适应 21 世纪的人才，我们应设计和开发创新学习空间[2]。美国新媒体联盟（New Media Consortium）的《2019 年地平线报告（高等教育）》，又一次将"重新设计学习空间"（Redesigning Learning Spaces）由过去的中期趋势调整为短期发展趋势，即未来 1~2 年将会在高等教育中大量应用[3]。在实践中，国内外许多高校已经开展了学习空间的探索性研究与实践，具有丰富创新功能的新型学习空间不断涌现。因此，针对学习空间的设计、应用及评估成为研究者们最新关注的热点。

空间本身就是变革的媒介，改变空间就会改变实践。学习空间变革是实现教育创新的载体和催化剂，是教育现代化的一种体现。然而，在实际过程中，教师使用新型教室处于一般水平[4]，存在着使用效率低，未充分发挥空间优势等问题[5]。作为空间主要使用主体的教师，如何应对空间的必然变革、有效调适空间变化与教学行为决策、发挥新型空间的创新功能、提高空间使用效率成为教师面临的最新挑战。本研究前期已经分析得出，不同教师对空间变化的适应性存在很大差异，有的教师表示非常喜欢新型空间，尝试进行了不同程度的教学创新；有的教师对空间变化并不敏感，教学方法和策略并没有太大的变化[6]。教师的不同表现势必影响其在新型空间中的教学行为决策，因此，了解空间变化对教师的影响及原因对提高教学效率及空间使用效果有重要意义。

新型学习空间具有先进的教学设备、灵活的布局、便捷的桌椅移动性等特征，可以有效促进和支持教师改变相应的教学方法和策略，进一步拉近师生的空间距离，增加师生的互动机会，增强教与学的体验，从而提高学习效果。空间变化对教师教学有着重要影响，但这种影响不是简单的线性关系，而是非常复杂和模糊的。在没有教育行政干预的自然情境中，空间变化能否引起教师教学行为决策的变化，不仅仅取决于空间本身的改变，还与教师是否积极地适应空间变化有很大关系。下面主要从空间要素对人的行为影响、教师空间适应及对教学决策的影响三个维度进行阐述。

5.1　空间要素对人的行为的影响

空间要素包括物理性和非物理性的，每种要素会对人的行为产生相应的影响。除了我们熟悉的空间结构（Structure）、窗户（Window）、家具（Furniture）、颜色（Color）、灯光（Lighting）、温度（Tempreture）等物理性因素外[7]，还包括空间布局（Layout）、人际距离（Proxemics）、位置朝向（Position）、密度（Density）、秘密性（Privacy）、界线（Boundaries）等我们平时容易忽略的非物理性空间要素。在教育领域中，以往的研究多集中于对物理性要素的研究，而对非物理性空间因素的研究则相对较少[8]，这里我们主要讨论非物理性空间要素对人的行为的影响。首先，空间布局影响着坐位排列和位置朝向，进而影响学生的坐位选择。Park 和 Choi 指出座位选择存在着"黄金区域"（golden zone）和"阴影区域"（shadow zone），传统教室的"黄金区域"位于教室最前方的中心三角区域，是学生最喜欢的座位区域[9]；陈向东等对新型研讨型教室的研究得出，新型研讨型教室依然存在座位的黄金区域，其位置面对教师和白板（显示区域）方向呈三角形展开，视觉效果、教室中的位置、学生及师生之间的互动、室内温度等多种因素导致了黄金区域的形成[10]。但是我们希望教师的互动不能只停留在黄金区域，应该走下来，与全班其他区域的学生建立亲近与互动关系。其次，空间的密度影响人的行为，高密度研究源于对因人口增长产生的拥挤与人的行为之间的关系，在教学领域高密度研究较少。研究者们区分了社会性密度(不同大小的组在相同的空间中)和空间性密度(相同大小的组在不同大小的空间中)，大量研究得出，这两种高密度对简单任务都没有影响，但对复杂任务的影响不一致。高密度是否使人们产生拥挤感，受个体差异、情境条件、社会条件三种因素的影响。Glass 和 Smith 研究得出，比较合适的社会密度是，每组学生 6~12 人，整个班级有 3~5 组学生，小组之间间隔 4~7 英尺，而小组成员之间间隔 2~4 英尺，既能保持一定的距离，又可以进行有效合作[11]。陈向东等比较得出[12]，按照美国人均面积最小的纽约学校（人均 2.65m²）来计算，35 人的教室面积至少应该达到 93 m²，远远超过了我国 2002 年发布的《城市普通中小学建设标准》中规定的小学 61 m²，中学 67 m²，如此高密度的学习空间，师生们毫无沟通空间。最后，空间的人际距离影响着人的行为。心理学家 Katz 提出了个人空间的概念，超负荷理论认为个体与他人之间之所以维持个人空间，是为了避免刺激过度[13]。人类学家 Hall 将个人空间看作是一种非语言交流形式。

人际交往距离决定着信息交流的量和质，也能看出人事活动的量和质，Hall 研究了情境条件和个体差异变量对空间行为的影响，将人际距离分为四种不同的个人空间区，分别是亲密距离（0~1.5 英尺）、个人距离（1.5~4 英尺）、社交距离（4~12 英尺）、公众距离（12 英尺以上）[14]。按照 Hall 的个人空间区分类，Skeen 在其研究中发现，学生在个人距离内会比在亲密距离内表现更好[15]。

由此可见，非物理性空间要素对人的行为的影响也是非常复杂的，影响程度也会受到个体、情境、社会等多种因素影响。融合技术与创新设计的新型学习空间对师生行为的影响则更加复杂，需要综合考虑各要素之间的相互关系。

5.2　空间中教师的环境适应

依据环境心理学家 Wohlwill 的环境适应水平理论，每个人都有一个最佳刺激水平，它是以过去的经验为基础的[16]。适应即这种最佳刺激水平的改变，也就是对一个持续存在的刺激，人们会在认识和情感反应上发生改变。适应水平的差异一方面是由于个人经历不同，另一方面随着时间的推移，各种不同水平的刺激会导致适应水平发生变化。因此，对一个具有某特定维度的特定环境来说，个体如何对其进行评价和反应，部分取决于该环境与个体在这个维度上适应水平的差异程度。因此，不同教师对新型学习空间的反应不一样，新型空间对教师教学的影响也就不一样。首先，教师要适应新型空间的变化，Petersen 和 Gorman 指出，ALCs（Active Learning Classrooms）的物理布局给教师和学生带来了挑战：一是对空间物理布局变化的适应，二是对因物理布局变化而带来的教学改变的期望[17]。Horne 等人通过课堂观察和访谈揭示了教师在 TILE（Transform，Interact，Learn Engage）课堂中面临的困难，即新的教学策略时间紧张，低估了协作任务的难度，为了更加主动参与协作任务，学生在课外准备材料，学生提前准备可在讨论中更有信心也更有贡献，教师需要更多的时间去学习相关的教学方法[18]。其次，教师对教学方法的认知程度影响其对新型空间的运用。Sellers 和 Souter 指出，虽然教师提倡空间的灵活性，但如果不熟悉各种教学方法的复杂性，他们可能不重视新型学习空间[19]。Beery 等人通过研究得出，设计灵活的学习空间，而不考虑教学选择，不会改变教师在空间中的教学方式[20]。

可见，虽然新型空间给教师提供了教学创新的诸多可能和机会，但要使其功能充分发挥，教师的空间适应是一个巨大的挑战，教师原有对教学方法、教学策略等经验性知识的认知程度会对新型空间的使用产生影响。

5.3　空间对教师教学决策的影响

新型学习空间影响教师的教学决策，但在具体的教学实践中，教师的教学决策是受多元因素影响的。首先，多种因素会影响教师的教学决策。Toews 认为，空间对学习活动的选择影响很小，学习活动主要是由教师根据教学方式、学生学习、课程内容和课程水平决定的，但空间提供了一个可以使师生有效参与这些学习活动的环境[21]。许亚锋等将教师使用学习空间的影响因素归为三类：个人因素、空间因素和外部因素[22]。其中，个人因素包括自我效能和教师的适应；空间因素包括易操作性、对教学有用、隐私、健康环保、用户体验；外部因素包括外部影响、任务类型、工作量和支持与服务。其次，教师的教学决策和是否受过专业训练有直接关系。Shieh 等人在对台湾的一个 TEAL（Technology-Enabled Active Learning）研究中发现，学生对学习环境的反应是积极的，但他们发现许多教室的特征功能没有被使用，因为教师对这些空间的教学并不熟悉[23]。George 等人通过对比 Butler 社区学院学习工作室和传统教室的教学发现，教师在学习工作室空间中比传统教室中体验到更大的灵活性，学习工作室给他们提供了一个成为更好的教师的机会[24]。尽管如此，教师们还是更喜欢传统的课堂，因为在学习工作室中他们需要使用技术，但他们没有经过充分的训练。

可见，教学过程存在固有的不确定性[25]，教师的教学决策受多元因素影响，空间对教师教学决策的影响要通过教师的专业训练和支持才能得以实现，这些专业训练和支持包括技术培训、教学方法选用、课堂活动设计等多个方面。

新型学习空间中的各种要素对教师行为有着重要而复杂的影响，教师能否适应新型学习空间的变化，充分发挥新型空间的优势功能，与其对教学方法和教学策略等的理解有直接关系，多元因素的共同影响使教学过程变得更为复杂。

5.4　案例研究

为了探究影响教师适应新型学习空间的态度及教学决策过程，案例基于华东师范大学的新型学习空间，采用三角互证方法，从教师、学生和教学过程三个角度对两位教师进行个案研究。研究得出，个体环境适应水平差异程度影响教师决策，不同教师环境适应水平的差异程度影响其对空间适用性的认知判断及教学决策；空间要素对教师决策的影响不是孤立进行的，而是相互交叉、共同影响的复杂行为；空间、技术和教学法的融合遇到新的重点和难点，而专题技术培训是解决这一难点的有效途径。开展学习空间变革对教师教学决策影响过程进行研究，有助于进一步了解教师应对空间变革的态度及适应过程，促进学习空间的迭代改进和教师空间应用策略的形成。

5.4.1　研究问题

随着新型学习空间的日益普及，教师在新型学习空间中的教学发了生什么样的变化？面对新型学习空间，教师如何调整自己的教学决策？为进一步了解真实情境下新型学习空间对教师教学行为的影响及其原因，我们基于华东师范大学的新型学习空间开展了此项研究。研究分为两个阶段：第一阶段的主要任务是通过视频分析和了解教师在新型学习空间和传统空间中教学行为的差异，研究发现，在新型学习空间教学结构中，教师讲授比例大幅降低，教师更加倾向使用小组汇报的方式开展教学，课堂中师生的空间距离明显缩短。但是在小组互动、教师提问及指导、技术使用方面两种空间中不存在显著差异；第二阶段（即本书）的研究任务是在前期数据分析的基础之上，运用三角互证方法从教师、学生和教学过程三个角度对两位教师进行个案深度分析，探索教师教学行为决策的变化过程。具体研究问题为"为什么新型空间对有些教师影响较大，教师的教学行为变化较大，而对有的教师影响较小，教师教学行为变化较小呢？是新型空间的什么要素影响了教师的教学行为呢？"

5.4.2　研究对象

研究基于华东师范大学的新型学习空间，相比传统的学习空间，这批新型学习空间具有如下优势特征：可移动桌椅、六边形围座布局、双屏显示与操作系统、电子白板等，可以有效支持教师采用不同的课堂组织方式，尤其适合开展小组协作学习，促进师生、生生互动，增强的信息显示方式和多功能技术设备为教与学的开展提供了更多便利，具体的教室布局如图 3-2 所示。

研究对 11 位教师在传统多媒体教室与新型空间的课堂进行视频录制，每位教师录制学期中期 3~6 次课，历时 2 个月。然后对录制的视频进行抽样，每位教师抽取传统空间与新型空间各 1 次课进行视频观察与分析。通过制定教师教学行为视频分析框架来比较不同教师在新型空间和传统空间的教学行为差异。最后通过教师访谈和学生问卷对教师使用新型学习空间的感受及体验进行调查。通过第一阶段设计的教师教学行为视频分析框架，运用定量分析的方法对 11 位教师的教学视频进行比较分析，数据显示不同教师的教学行为变化不一致，有的教师受影响较大，有的教师教学变化不明显，具体的编码数据见表 5-1（表中 T1_N 表示该教师在新型空间的数据，T1_T 表示该教师在传统教室中的数据）。

表 5-1　教师在不同空间中的教学行为编码分析

维度	编码	T1_N	T1_T	T2_N	T2_T	T3_N	T3_T	T4_N	T4_T	T5_N	T5_T	T6_N	T6_T	T7_N	T7_T	T8_N	T8_T	T9_N	T9_T	T10_N	T10_T	T11_N	T11_T
讲授	1. 讲授比例	0.33	0.74	0.36	0.93	0.69	0.71	0.44	0.66	0.65	0.67	0.78	0.88	0.19	0.93	0.21	0.73	0.69	0.58	0.10	0.72	0.44	0.70
小组协作交流	2. 小组汇报	3	1	1	0	0	0	3	2	1	1	0	0	5	0	3	0	2	2	2	1	1	1
	3. 小组互动	23	24	0	0	0	0	16	20	4	5	0	0	11	0	11	0	6	14	23	9	18	6
课堂师生互动	4. 师生互动	15	16	39	19	37	29	25	24	33	46	17	8	6	24	94	9	12	0	5	2	12	6
	5. 组织课堂讨论	0	0	1	0	2	0	0	0	0	0	0	0	0	2	0	1	0	0	0	0	0	0
	6. 教师指导	0	0	3	0	0	0	13	3	0	0	0	0	1	0	0	0	2	0	0	0	0	0
位置	7. 教师离开讲台的时间	0.73	0.30	0.67	0.53	0.74	0.61	0.49	0.32	0.15	0.23	0.26	0.05	1.00	0.76	0.60	0.15	0.62	0.63	1.00	0.32	0.57	0.23
技术使用	8. 板书	0	18	0	24	33	30	1	4	6	3	9	9	0	13	0	0	24	26	0	3	0	0
	9. 其他技术使用	2	1	1	0	9	5	0	1	6	3	0	2	0	0	0	0	1	1	0	0	4	2
教学特色	10. 特色教学策略	微信	冥想	抽奖	无	无	无	奖励	奖励	提问加分	提问加分	无	无	无	无	红包	红包	TED	TED	无	无	无	无

第二阶段是依据表 5-1 的编码数据，选取典型性的个案进行研究。依据研究目的，我们采用极端（偏差）型个案抽样，即选取非常极端的个案进行分析，因为极端个案虽不具有代表性，但从一个极端的例子中学到的经验教训可以为一般情况服务[26]。为了更加直观地区分教师在两种空间中的教学变化，以教师离开讲台的时间指标的变化作为教师对空间适应快慢的考察，以教师讲授比例的变化作为空间对教师影响大小的考察，综合绘制出了 11 位教师教学变化的四象限分布示意图，如图 5-1 所示。从图中可以看出，由于 T7、T10 为典型的小组成果汇报课，属于特殊情况，故排除，经过综合考虑，我们选择最具典型性的 T8 和 T6 教师作为个案，T8 教师受新型空间影响较大，T6 教师受新型空间影响较小。

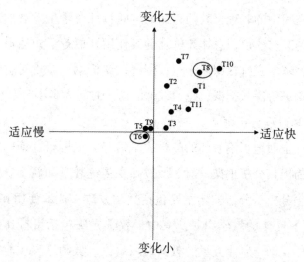

图 5-1　两种空间中教师教学行为的变化情况

5.4.3　研究方法与工具

本书属于个案研究，采用质性和量化相结合的混合研究方法。基于三角测量理念，从教师、学生、教学过程三个角度对个案进行具体分析。从教师的角度采用定性的扎根理论方法对教师的访谈材料进行分析，目的是从教师主观层面了解其对空间变化的态度及具体的空间使用过程、问题及建议，是分析的主要内容；从学生的角度采用定量的学生问卷辅助了解学生体验到的教师教学方式的变化情况；从教学过程的角度采用量化的视频分析方法，对2位教师的6节课程全部进行分析，从教学过程的客观表现来了解教师的教学变化情况。

(1) 教师访谈提纲

为了深入了解教师对新型学习空间的态度、使用体验及使用过程中遇到的具体问题，我们对任课教师进行了半结构化的访谈。在Parson设计的"Blount Classroom"使用体验访谈纲的基础上[27]，结合我们对新型学习空间的课堂观察，确定了最终的访谈提纲，内容主要包括：新型空间的使用体验，不同空间中教师教学方式的变化，教师感知的新型学习空间的学科内容及教学方式的适用性，教师对新型学习空间的满意度，教师感知到的学生在新型空间中的表现，教师感知的空间特征对学生发展的影响，对新型学习空间的改进建议、总体评价及继续使用意愿等。访谈提前和任课教师进行预约，基本安排在课后进行，围绕访谈提纲，着重对空间对教师教学方式的影响进行深入交谈，每位教师的访谈时间为半小时左右。

(2) 教学过程分析框架

为了更加全面地了解教师的教学决策情况，依据研究第一阶段建立的教师教学行为视频分析框架，对2位教师在传统教室和新型空间中的6节课程进行视频分析。分析框架主要包括教学方法、技术使用和教学特色3个维度，10个具体的教学事件。其中，教学方法包括讲授比例、小组汇报、小组协作互动、师生互动、教师组织讨论、教师指导、教师离开讲台的时间7个教学事件；技术使用包括教师板书、其他技术使用2个教学事件；教学特色是教师在教学中采用的编码中未涉及的个性化教学策略。教学过程的视频分析有助于客观呈现的教师的教学变化情况，可以辅助解释教师教学决策的变化行为。视频分析借助QSR Nvivo 11软件，采用QSR Nvivo 11中视频材料边转录边编码的方式进编码分析。

(3) 学生反馈问卷

为了全面分析教师教学行为的变化情况，从学生感知教师教学行为变化的角度，我们针对学生进行了问卷调查，其中包括三个感知教师教学行为变化的题目："老师会更多地走近我们，进行交流""老师会更多地组织我们进行课堂小组讨论""老师会更多地利用新型教室的技术来进行教学"。分别从教师空间距离、教师教学方法和技术使用角度调查学生感知到的教师变化的具体情况，采用李克特 5 分制量表设计方式。为了保证学生体验的完整性和问卷回收率，问卷安排在学期最后一次课程后进行。

5.4.4　个案分析

（1）个案介绍

在前期数据分析的基础上，我们选取 T8 和 T6 教师作为个案分析的对象。T8 教师在新型空间所授课程属于新生研讨课，1 学分，18 学时。选课人数为 2016 级不同专业的新生，共 24 人。新生研讨课是华东师范大学面向 2016 级本科生设置的课程创新活动，该课程以小班（每门课程不超过30 人）研讨形式为主，由学生根据兴趣自愿选修。T6 教师所在新型空间所授课程属于专业必修课，2 学分，32 学时。选课人数为 2014 级相关专业的学生，共计 33 人。此外，对两位教师的另一门相同类型的安排在普通教室的课程进行了视频录制，以便分析教师在不同教学空间中的教学决策变化。

（2）教师访谈编码过程

依据扎根理论的分析及操作程序，对教师访谈材料进行深入质性分析。首先将教师的访谈材料转录成文本；其次将转录文本导入 QSR Nvivo11 软件中，通过建立节点和分层节点的方式进行理论抽样；最后按照扎根理论的开放式、关联式和核心式三级编码规则对访谈材料进行逐级编码，下面对三级编码过程进行详细说明。

① 开放式编码。

在开放式编码阶段，运用 QSR Nvivo 11 软件对 T8 和 T6 两位教师的访谈材料进行了初步分析，T8 教师的访谈材料共得到 28 个节点和 65 个参考点。其中，2 个及以上参考点包括：学生背对老师或屏幕、知识体系成熟的课程、研讨课、圆桌式布局、注意力不集中、空间太小、讲台位置、应

用性强的课程、感觉很好、不适用于讲授型课堂、教室安排、投影不清晰、创业等新型课程、传统教学补充等；T6 教师的访谈材料共得到 37 个节点和 51 个参考点。这些节点对应的是从访谈材料中提取出的概念，其中2 个及以上参考点包括：空间太小、圆桌式布局、感觉奇怪、不适用于讲授型课堂、增大空间、座椅旋转式、工作坊式、设备先进、适合分组教学、教学习惯、空间适应过程。

　　② 关联式编码。

　　在开放式编码的基础上，对 T8 教师的 28 个节点按照概念类别进行归类整理，经过反复比较，最终形成 4 个主要范畴（空间要素、空间适用性、个人体验、组织支持）和 9 个次要范畴（空间优点特征、空间缺点特征、空间适用课程类型、空间不适用课程类型、空间使用体验、空间使用效果、空间使用建议、空间使用决定因素、学校支持）；对 T6 教师相关的37 个节点按照概念类别进行归类整理，最终形成 4 个主要范畴（空间要素、空间适用性、个人体验、组织支持）和 10 个次要范畴（空间优点特征、空间缺点特征、空间适用课程类型、空间不适用课程类型、空间使用体验、空间使用效果、空间使用建议、空间使用决定因素、较少使用技术原因、学校支持）。详细编码见表 5-2。

表 5-2　个案关联式编码结果

个案	主要范畴	次要范畴	节点	参考点	节点举例
T8	1. 空间要素	1.1 空间优点特征	2	5	圆桌式布局、学生互动
		1.2 空间缺点特征	4	17	空间太小、投影不清晰、学生背对教师或屏幕、注意力不集中
	2. 空间适用性	2.1 空间适用课程类型	3	11	研讨课、应用性强的课程、创业等新型课程
		2.2 空间不适用课程类型	2	9	知识体系成熟的课程、讲授型的课程

续表

个案	主要范畴	次要范畴	节点	参考点	节点举例
T8	3. 个人体验	3.1 空间使用体验	3	6	感觉很好、有继续使用的意愿、传统教学补充
		3.2 空间使用效果	7	7	意见表达能力、课堂舒适感、激发学生讨论的意愿、分散注意力、促进学生小组工作能力、促进了学生互动、布局对学生影响较大
		3.3 空间改进建议	3	5	增大空间、讲台位置、增加投影亮度
		3.4 空间使用决定因素	2	2	课程类型适用于空间、专业区别关系（原因）空间太小、知识体系成熟的课程、创业等新型课程
	4. 组织支持	4.1 学校支持	2	3	教室安排、学校整体安排
T6	1. 空间要素	1.1 空间优点特征	6	10	圆桌式布局、设备先进、学生互动、适合分组教学、空间推动教学活动、双屏显示
		1.2 空间缺点特征	5	7	空间太小、不易形成视觉中心、学生背对教师或屏幕、椅子笨重、注意力不集中
	2. 空间适用性	2.1 空间适用课程类型	4	5	研讨课、工作坊式、沙龙式、茶座式
		2.2 空间不适用课程类型	1	2	讲授型的课程
	3. 个人体验	3.1 空间使用体验	13	17	感觉奇怪、桌椅形状、讨论随机、取决于老师组织讨论、空间适应过程、教学习惯、依据教学内容、过程及安排、有继续使用意愿、技术素养因素、活动的重要性、个人自认授课式、电脑反应慢、白板需要切换
		3.2 空间使用效果	2	2	意见表达能力、促进小组工作能力
		3.3 空间改进建议	3	5	座椅改成旋转式、空间再大一点、设备再好一点

续表

个案	主要范畴	次要范畴	节点	参考点	节点举例
T6	3. 个人体验	3.4 空间使用决定因素	1	1	关系（原因）不受制于空间、个人自认授课式、教学习惯、依据教学内容、过程及安排
		3.5 技术使用较少原因	1	1	关系（原因）电脑反应慢、白板需要切换、技术素养因素
	4. 组织支持	4.1 学校支持	1	1	教室安排

③ 核心式编码。

核心式编码又称选择式编码，即在充分梳理主要范畴和次要范畴和相互关系的基础之上，找出能够更加统领性的核心类属。经过反复比较，我们最终以"影响教师在新型空间中教学行为变化的原因"作为核心类属。核心类属与各个范畴主要表现为因果关系或作用过程，首先，新型空间中"空间要素"是对教师的直接环境刺激，对这些刺激的适应水平形成了其对"空间适用性"的认知，进而影响其对新型学习空间的使用态度和意愿，"个人体验"是教师个人对空间的深度感知和体验过程，个人体验强化了教师对新型空间适用性的认知，使其做出适应与调节，"组织支持"在一定程度上影响了新型学习空间使用的持续性。

其中，在 T8 教师编码节点的主要范畴中，"空间要素"包括"空间优点特征"和"空间缺点特征"，是教师个人对新型空间要素的初步感知；个人对新型空间的适应水平形成了其对"空间适用性"的认知判断，包括"空间适用课程类型"和"空间不适用课程类型"；"个人体验"包括"使用体验""使用效果""空间使用决策因素"和"改进建议"，是教师个人直接对新型学习空间的使用感受和改进建议；"组织支持"主要指学校在学习空间建设和使用方面提供的支持。T6 教师和 T8 教师在编码方面类似，但其对空间使用的体验和效果不一样。而且在主要范畴"个人体验"中除包括"使用体验""使用效果""改进建议""空间使用决定因素"外，还包括一个"空间中较少使用技术"的次要范畴，说明了其在空间使用过程中较少使用技术的主要原因。图 5-2 是 QSR Nvivo 11 生成的两个案例中教师访谈材料编码的项目模型图，从图中可以看出各层次节点和关系之间的联系。

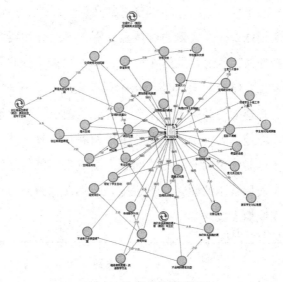

（a）T8 教师项目模型图

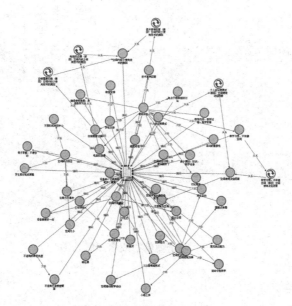

（b）T6 教师项目模型图

图 5-2　两个案例项目模型图

通过三级编码，以及各个范畴关系的梳理，明确了资料的故事线，对于 T8 教师而言，首先在感知空间要素为主的环境刺激基础上，在自己的适应水平上形成了其对空间适用课程类型的初步判断，结合自己的使用体验和使用效果，给出新型空间进一步改进的建议。即他认为自己的课程是新兴课程，不属于知识体系成熟的讲授型课程，是适合使用此种新型学习空间的，有较强的使用意愿，虽然在使用过程中存在一些问题，但对使用效果也比较满意，并结合自身经验给出了自己的建议。而对于 T6 教师而言，在对空间要素感知的基础上，在自己的环境适应水平上形成了对空间适用性的判断，即他认为自己的课程是讲授型课程，并不适合此种新型空间，在个人使用体验中也因遇到相关问题而影响空间的整体使用，这也是其在空间中较少使用技术的原因。图 5-3 是依据两位教师访谈材料编码过程而绘制的故事线概念图。

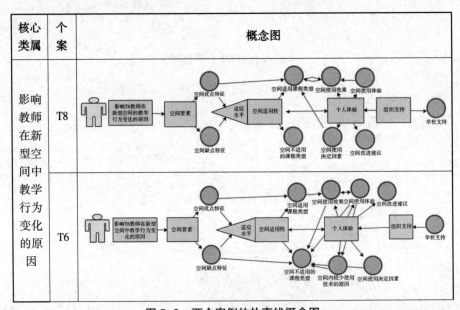

图 5-3　两个案例的故事线概念图

(3) 教学过程视频分析

运用 QSR Nvivo 11 软件对两位教师在两种类型空间中的 6 节课堂视频数据进行编码分析得出，T6 教师在两种空间中的教学变化较小，T8 教师在两种空间中的教学变化较大，详细数据见表 5-3。从表中可以看出，T6 教师在传统教室中讲授所占比例较高，在新型空间平均下降约 10%；在新型空间中离开讲台的时间则有明显增加；在小组汇报和小组互动方面没有较大变化；在师生互动方面稍有增加；在传统教室中使用板书，但在新型空间中没有板书。T8 教师在新型空间中的讲授比例变化不一，在传统教室中如果开展小组汇报，则讲授比例就比较小，新型空间中的讲授比例相对较小；T8 教师在新型空间中的小组汇报、小组互动、师生互动等方面都有明显的数量增加；在新型空间中离开讲台的时间也相对有所增加；板书和其他技术没有显著变化。此外，T8 教师在两种空间中都使用了微信红包策略，用于调动学生的课堂参与。

表 5-3　两个案例在两种空间中的教学视频编码分析

维度	编码	T6_ T（传统教室）			T6_ N（新型空间）			T8_ T（传统教室）			T8_ N（新型空间）		
		1	2	3	1	2	3	1	2	3	1	2	3
讲授	1. 讲授比例	0.88	0.87	0.88	0.78	0.76	0.80	0.73	0.36	0.75	0.21	0.39	0.66
小组协作交流	2. 小组汇报	0	0	0	0	0	0	0	7	0	3	3	5
	3. 小组互动	0	0	0	0	0	0	0	5	0	11	15	2
课堂师生互动	4. 师生互动	8	13	2	17	20	24	9	6	7	94	49	48
	5. 组织课堂讨论	0	0	0	0	1	0	1	1	2	0	1	0
	6. 教师指导	0	0	0	0	0	0	0	0	0	2	0	0
位置	7. 教师离开讲台的时间	0.05	0	0	0.26	0.27	0.22	0.15	0.44	0.09	0.60	0.20	0.21
技术使用	8. 板书	9	2	6	0	0	0	0	0	1	0	0	0
	9. 其他技术使用	2	2	2	0	1	1	0	1	1	0	1	1
教学特色	10. 特色教学策略	无	无	无	无	无	无	红包	无	无	红包	红包	红包

(4) 学生感知分析

对学生问卷分析得出，学生对两位教师在新型空间中感知到的教学行为的变化比较认同，如图 5-4 所示。但对 T6 和 T8 教师的数据比较可以发现，T8 教师班上的学生在三个题项中"非常认同"的占比分别为 45%、45% 和 41%；而 T6 教师班上的学生在三个题项中"非常认同"的占比分别为 4%、12% 和 16%，大多数同学选择的是"比较认同"。可见，T8 教师班上的学生感知到的教师教学行为变化比 T6 教师班上的学生要强烈。

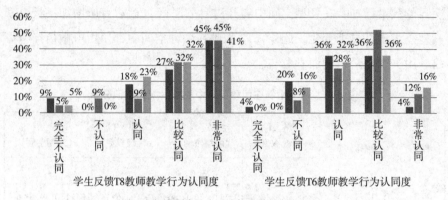

图 5-4　两个案例的学生感知情况比较

(5) 小结

从以上三个角度的数据分析可以得出，教师访谈编码分析详细说明了两位教师的教学决策过程及原因，教学视频数据客观地呈现了教师在两种空间中的教学变化情况，学生问卷则帮助我们了解学生感知到的教学行为变化。总体来看，T8 教师选择使用新型学习空间的内在逻辑是：首先，在对新型学习空间的空间要素特征感知的基础上，形成了其对空间的课程适用类型的认知判断，较好的适应水平及空间、课程适用性的一致性促成其空间运用的积极态度，积极使用行为带来了较好的使用体验，较好的使用体验又进一步促进其对空间的运用；其次，在使用过程中，积极应对使用过程中遇到的相关问题，有针对性地提出了改进建议，并强调组织支持的重要性。T6 教师在选用新型学习空间的内在逻辑是：首先，在空间要素特征感知的基础上，形成其对空间课程适用类型的判断，较低的环境适应水平及空间、课程适用性的不一致，使其对新型空间使用态度并不积极，而且其认为教学行为变化主要与教学方法与教学习惯有关，而不是空间，进一步说明了为什么新型空间对其影响较小；其次，个人在使用过程中遇到的相关问题处理也不是很积极，进一步限制了其对新型学习空间的应用。

5.4.5 总结与讨论

在研究的第一阶段中得出，空间的适用性影响教师对空间的态度，易用性影响对空间的使用，组织支持影响空间的利用率，但教师对空间适用性的理解因人而异。因此，在本阶段，通过教师访谈、教学过程和学生三个角度对两位教师的教学决策情况进行深入分析，进一步了解到在新型学习空间中影响教师教学决策的具体原因及其影响过程。具体总结如下，以供讨论：

（1）个体环境适应水平差异程度影响教师决策

以上分析发现，空间使用的方式很大程度上受个人对环境适应水平差异程度的影响。依据 Wohlwill 的适应水平理论，每个人有一个基于过去经验的最佳刺激水平。环境至少在强度、多样性及模式三个维度上存在最佳刺激水平。环境与个体的适应水平差异越大，个体对此环境的反应强度就越大。不同教师对新型空间的反应取决于其对空间环境适应水平的差异程度，这也决定了其对空间适用性的认知判断，进而影响其后续的空间使用行为。从访谈的编码分析中可以看出，由于 T8 和 T6 教师对环境适应水平存在差异，形成了各自对空间适用性的不同认知，进而影响其对空间使用的态度和教学决策。环境适应水平理论提出，环境与人的行为可以通过适应和调节来处理，适应是指改变环境刺激的反应，调节是指改变刺激本身。T8 教师在空间使用过程中，能够及时根据空间变化及使用中遇到的问题调整自己的教学行为，空间运用效果比较突出；遇到技术问题或教学实施障碍，若不能及时加以解决，会影响易用性的感知[28]，所以 T6 教师在空间使用过程中，对空间、课程适用性不一致的判断决定了其应用态度不积极，加上个人使用过程中遇到的问题限制了其对空间的进一步使用，也就没有根据空间对教学做出调整，而是保持自己原有的教学习惯，因而空间环境对其教学决策的影响较小，使用过程中空间及技术的利用也就不充分。

此外，个人的环境适应水平会随着时间的推移而发生变化，T8 教师是第 2 次使用此新型空间，而 T6 教师是第 1 次使用。他们在初次看到这种新型空间时都感觉到有些奇怪，相比较而言，T8 教师比 T6 教师有更多关于此新型空间使用经验。同时，我们也看到 T6 教师在使用新型空间的时离开讲台时间、师生互动方面也有新的增长，相比 T8 教师的熟练应用，T6 教师可能需要更长一段时间去适应空间的变化。

(2) 各种空间要素相互交叉影响教师决策

通过对教师访谈材料的深入分析发现，空间要素对教师教学决策的影响并不是孤立的，而是多种要素相互交织在一起，共同作用于人的行为。研究发现，新型空间中的密度不仅受空间性密度和社会性密度的影响，还与空间中的家具（桌椅）有关。虽然新型空间中的社会性密度为每人 1.63m^2，超过了国家规定的相关标准，但在教师的编码分析中，T8 教师和 T6 教师都提到了学生密度大，空间较小，学生坐满后几乎没有行走通道。经实际课堂观察，确实存在这种现象，原因是用于拼成六边形的桌子和椅子等家具体积稍大，占用了较多空间，且重而不易挪动，影响了人员流通性，进而使得人际距离扩大，不利于师生互动。可见，虽然社会性密度不大，但空间性密度过大，同样会对教师和学生产生影响。此外，学习空间中不论是空间性密度，还是社会性密度，都有可能与其他因素（如家具的移动性、灵活性）一起影响教师的教学决策。

空间布局形式影响着师生间的人际距离及互动形式。两位教师都提到了新型学习空间的布局形式(包括桌椅布局和多屏显示的布局)有利于促进小组教学的开展，但是这种布局同时又使得有些座位上的学生不得不背对教师。T6 教师指出，这种布局虽然增加了学生讨论互动的机会，但也增加了部分学生注意力分散的风险。T8 教师建议改变成大圆圈布局，教师位于中央，以消除学生背对教师的现象，拉近师生的人际距离。可见，正如陈向东指出，多屏学习空间、多显示学习空间的目标有两个：多维度的信息组织和展示及更深入的互动。但要实现这个目标，就需要从技术、空间和教学方法等多个维度进行设计。

（3）专题培训是解决空间、技术和教学法整合的有效途径

新型空间作为一种新型教学资源，和新技术一样，被一线教师接受需要一个过程。当前，新型空间、技术和教学法的整合成为新的研究重点和难点。正如 Steel 和 Andrews 所述，学习空间、学习设计和教师信仰之间的接合点是一个理论化的领域，对未来的空间发展和学生在这些领域的成功至关重要[29]。Georgiana 和 Hosford 也曾总结，技术、学习空间和教学法的成功整合是专业发展项目中应该解决的一个关键问题，也是一个复杂问题[30]。在访谈中，T8 和 T6 教师都提到，在使用新型学习空间之前没有接受相关的技术培训、教学方法训练，而且在使用过程中也没有相关的技术手册，得不到相关的技术支持。缺乏相关的专题培训，又是在完全自然情境中进行（没有教务等行政部分的鼓励和支持），使得教师适应新型空间环境的过程拉长，难度加大，对空间优、缺点的感知不够深入，缺乏教学策略方面的支持。因此，在新技术、新环境投入运行的初期，学校应该建立一定的动力机制，激发教师的内在学习动机[31]，通过教师培训引导教师树立生本教学理念，开展优秀案例研修，提升教师教学转型能力，为教师快速适应新型空间提供相应的组织支持。

由此可见，新型学习空间对教师教学决策的影响是一个复杂过程，教师对环境适应水平的快慢，不同空间要素相互交叉对教师感知的影响，学校对教师关于空间、技术和教学法的整合能力的培训和支持等都直接影响着教师的教学决策。面对这一不可回避的难题，提供专题培训机会，提升教师信息技术能力，提供教学支持服务，对于提高教师环境适应水平，缩短适应时间，提高教学效果，以及保持后续使用都至关重要。

本案例在前期研究的基础上，通过三角测量的方法对教师在新型学习

空间中的教学决策过程进行了个案研究，对影响教师在新型空间中教学行为变化的主要原因及过程有了更进一步的认识。但是，受限于研究样本较小、研究方法的局限、研究材料不足等，本研究还存在许多不足之处。本文属于个案研究，研究结论是对个案做出解释，仅对高校新型学习空间自然情境下的教学应用有参考性，不具有更大范围推广的意义。空间不能决定教师的教学行为，却可以影响教师的教学决策。随着各种新型学习空间的不断普及，技术、空间和教学方法的有效整合将是未来一段时间的研究重点，同时也是一个非常复杂而充满挑战的实践课题。大力开展基于新型空间的教与学的教学设计、教学方法和教学策略的创新实践有利于当前空间设计的不断优化与完善，促进教师更快更好地适应空间变革，从而提高教与学的效果。

参考文献

［1］Oblinger D. Learning space. EDUCAUSE ［EB/OL］. ［2022-02-2］. https：//www. educause. edu/ir/library/pdf/PUB7102. pdf.

［2］爱芭·奥西恩尼尔森，肖俊洪. 创新学习与创新学习空间 ［J］. 中国远程教育，2019 （02）：59-70，91，93.

［3］EDUCAUSE. The NMC Horizon Report：2019 Higher Education. ［EB/OL］. ［2022-02-2］. https：//library. educause. edu/-/media/files/library/2019/2/2019horizonreportpreview. pdf.

［4］蒋立兵，毛齐明，卢子洲，等. 高校教师应用智慧教室实现教学转型的现状及建议 ［J］. 中国远程教育，2019 （03）：77-83.

［5］王麒，许亚锋，李锦昌. 学习空间的参与式设计研究 ［J］. 中国远程教育，2016 （01）：48-56，80.

［6］赵瑞军，陈向东. 学习空间对教师教学行为影响的研究——基于华东师范大学的"新型学习空间" ［J］. 远程教育杂志，2017 （04）：77-86.

［7］陈向东，蒋中望. 现代教室的空间架构 ［J］. 现代远距离教育，

2011 (04)：54-59.

[8] 保罗·贝尔，托马斯·格林，杰弗瑞·费希尔，等. 环境心理学 [M]. 朱建军，吴建平，译. 5 版. 北京：中国人民大学出版社，2009：442-449.

[9] Park E L, Choi B K. Transformation of classroom spaces：Traditional versus active learning classroom in colleges [J]. Higher Education, 2014, 68 (5)：749-771.

[10] 陈向东，侯嫣茹. 研讨型教室的黄金区域是如何形成的？[J]. 电化教育研究，2017 (06)：75-82.

[11] Glass G V, Smith M L. Meta-analysis of research on class size and achievement [J]. Educational evaluation and policy analysis, 1979, 1 (1)：2-16.

[12] 陈向东，高山，金文. 多显示学习空间的开发与应用 [J]. 现代远距离教育，2010 (06)：59-63.

[13] Katz D . Animals and men：studies in comparative psychology [J]. Quarterly Review of Biology, 1937.

[14] Hall E T, Hall E T. The hidden dimension [M]. Anchor, 1966：94.

[15] Skeen D R. Influence of interpersonal distance in serial learning [J]. Psychological Reports, 1976, 39 (2)：579-582.

[16] Wohlwill J F. Human adaptation to levels of environmental stimulation [J]. Human Ecology, 1974, 2 (2)：127-147.

[17] Petersen C I, Gorman K S. Strategies to address common challenges when teaching in an active learning classroom [J]. New Directions for Teaching and Learning, 2014 (137)：63-70.

[18] Van Horne S, Murniati C T, Saichaie K, et al. Using qualitative research to assess teaching and learning in technology-infused TILE classrooms [J]. New Directions for Teaching and Learning, 2014 (137)：17-26.

［19］Sellers W, Souter K. Changing approaches to educational environments: Valuing the margins, interstices and liminalities of learning spaces ［M］//Physical and virtual learning spaces in higher education: Concepts for the modern learning environment. IGI Global, 2012: 21-32.

［20］Beery T A, Shell D, Gillespie G, et al. The impact of learning space on teaching behaviors ［J］. Nurse education in practice, 2013, 13 (5): 382-387.

［21］Toews M R. Postsecondary Instructor Experience Teaching in Flexible Learning Spaces ［D］. Walden University, 2014: 96.

［22］许亚锋, 赵博. 教师使用学习空间的影响因素研究 ［J］. 开放教育研究, 2014 (5): 102-110.

［23］Shieh R S, Chang W, Tang J. The impact of implementing technology-enabled active learning (TEAL) in university physics in Taiwan ［J］. Asia-Pacific Education Researcher (De La Salle University Manila), 2010, 19 (3).

［24］Georgina D A, Hosford C C. Higher education faculty perceptions on technology integration and training ［J］. Teaching and Teacher Education, 2009, 25 (5): 690-696.

［25］陈洁, 何文涛, 杨开城. 基于 IIS 图分析的教学不确定性研究 ［J］. 中国远程教育, 2018 (01): 45-52, 62.

［26］陈向明. 质的研究方法与社会科学研究 ［M］. 北京: 教育科学出版社, 2000: 103-115.

［27］Parsons C S. Space and consequences: The influence of learning spaces on student development and communication ［M］. The University of Alabama, 2015: 164.

［28］卢强, 左明章, 原渊. 基于技术接受模型的农村教师同步课堂采纳与使用影响因素研究 ［J］. 中国远程教育, 2018 (07): 61-69.

［29］Steel C, Andrews T. Re-imagining teaching for technology-enriched learning spaces: An academic development model ［M］//Physical and virtual learning spaces in higher education: Concepts for the modern learning environment. IGI Global, 2012: 242-265.

[30] Georgina D A, Hosford C C. Higher education faculty perceptions on technology integration and training [J]. Teaching and Teacher Education, 2009, 25 (5): 690-696.

[31] 闫寒冰, 苗冬玲, 单俊豪, 等. "互联网+" 时代教师信息技术能力培训的方向与路径 [J]. 中国远程教育, 2019 (01): 1-8.

第 6 章

愿景与实效：新型学习空间的效果评价

The physical layout and scale of a space constrains and/or
facilities the manner in which individuals relate to or experience a
space.

——Amedeo Douglas

学习空间变革已经成为趋势，具有不同创新功能的新型学习空间不断
涌现，国内外的许多高校开展了基于新型学习空间的探索性研究。随着新
型学习空间变革的不断深入，新型学习空间的应用效果成为研究者们关注
的热点，也是进一步发展的关键。本章阐述了学习空间评估的内容与评估
模型，并在此基础上，以案例的方式介绍了一项新型学习空间的应用效果
的评估实证研究。

新型学习空间是基于学生为中心的设计，具有灵活布局设计（以圆桌
布局多见），多角度视觉呈现（多块屏幕进行显示），家具灵活性及舒适性
设计（以桌椅舒适及可移动为主），信息技术增强设计（无线网络及电源
便利性接入），易扩展设计（易于依据不同学校进行功能扩展），适合小组
活动、基于任务的学习、协作学习、研讨型学习等不同形式的学习活动的
开展。实践中这些新型学习空间的应用效果如何，是否促进了教师教学的

行为和学生的学习效果成为当前研究的重点，同时也是进一步研究的关键。

　　要了解新型学习空间的应用效果，就要进行学习空间评估，而评估哪些内容及如何进行评估就变得十分重要。学习空间作为学习和教学发生的场所，评估也应该围绕学习和教学而展开；学习和教学是涉及教师、学生、空间等多维度因素影响的复杂事件，针对学习空间评估的方法与模型也不应是单一维度的。下面就学习空间评估的内容及方法进行简要阐述。

6.1　学习空间的评估内容

　　学习空间的评估是影响学习和教学效果的一个非常重要的因素，但在实践中没有引起足够的重视。Roberts 等人指出，直到 1990 年早期，学习空间评估还被认为只与库存和除草有关，而不是使用者，更不是学习者[1]。当时的评估实践关注学习空间的提供及维护，属于对学习空间管理范畴。Jamieson 指出，学习空间评估必须解决两种现实问题：一种是空间与学习理论的显式联系很少被探究，另一种是学习理论自身很少强调空间的重要性[2]。

　　理论上不重视学习空间对学习效果影响的重要性，导致学习空间评估内容脱离学习效果，不能反应学习空间与学习效果之间的关系。Warger 等人认为学习空间评估应该更多地关注学生参与理论，强调环境对学生发展的影响[3]。Hunley 等人建立了一个学习空间评估框架，聚焦机构成长、人和环境交互的质量、学习结果和个人参与。在这个框架中，学生教学质量的评估与学习结果聚合可能经过了讨论[4]。由于直接测量学习结果的复杂度，Hunley 等人后主张使用"参与度"作为学习效果的间接测量[5]。

　　可见，学习空间评估应该聚焦于学习效果，即学习空间是否促进了学生学习效果的提升。但由于测量学习效果的复杂度，在学习效果测量方面有不同的看法和主张。

6.2　学习空间的评估模型

　　学习空间评估的内容决定了从哪些维度进行评估，在实践中形成了需求模型、结果模型、满意度模型、场景提供模型、活动支持模型、空间生态模型、品牌模型等各种不同的评估模型，不同评估模型的侧重点不同，Boddington 等人总结出不同类型的学习空间评估模型，并对各种模型的评估内容及优、缺点进行了说明，见表 6-1[6]。

表 6-1　学习空间典型评估模型的优、缺点

模型	评估内容	优点	缺点
需求模型	对空间的常规度量（人员密度、预约统计）或财务（外部预订、内部市场计算）等的定量分析。	着眼空间的整体性、发展性，与机构负担挂钩，提示使用目标，强调空间推广，建议投资的优先次序，提供政策制定建议。	使用率随时间的变化而变化、客观的测量与师生使用体验脱离、不同的测量强调不同趋势、数据收集不一致等。
结果模型	评估学习结果的变化。	可揭示空间设计与学习结果的因果关系。	大面积的学生使用体验调查结论并不能支持空间因果关系观念。
满意度模型	收集空间使用者的满意度及体验数据。	强调学生使用体验，强调教师观点的重要性。	存在比空间属性影响满意度更大的其他因素。
场景提供模型	判断需要支持的活动，来检查空间方面的提供（包括技术、配置、大小等）。	体现创新应用，能与空间设计过程有效连接。	不足以反映空间设计姿态，且易被看成是对空间决定论的支持。
活动支持模型	在实践中评估一个空间内进行的活动，常使用观察法。	可详细调查空间中师生之间的交互，要与实际设计过程相一致以对设计迭代改进。	集中于微观设计的评估很难提供具有广泛的机构利用方面的指导。

续表

模型	评估内容	优点	缺点
空间生态模型	检查可用空间的各种配置和关系。	强调物理空间和其他空间的联系。	空间框架比较复杂，需要考虑的因素较多。
品牌模型	评估空间对机构形象的贡献。	强调有名望的建筑对学生产生场所依赖感、吸引力等。	创新的空间在开始往往表现并不好。

陈向东等人提出了基于 PSST 的评价框架，主张从教育、社会、空间和技术四个维度进行评价，每个维度需要纳入评价的范围。教育角度主要评估空间的使用模式、学习成果、学习投入等指标；社会维度则更着重从学习空间是否具有可复制性、能否适用于其他类似的项目、管理是否方便等方面进行评价；空间和技术维度则包括空间和设备利用率、空间和技术对教学的促进等内容[7]。

这些学习空间评价模型在实践中或许不是互相排斥的。例如，为了"三角互证"目的，评估项目可以包含几种模型。随着学习空间研究的不断深入，开始出现多元评估方法的评估实践。Brooks 通过课堂观察和视频分析的方法，比较相同教师使用相同的教学方法在不同空间［主动学习空间（ALCs）和传统教室］的教学得出，在主动学习空间中，教师的讲授比传统学习空间中要少，教师在讲台上的行为比传统课堂中要少。但在小组活动方面两者并不存在显著性差异[8]。类似地，Stoltzfus 等人通过比较传统空间和 SCALE-UP 对学生成绩的影响，得出学生在两类空间中的表现没有显著区别，他指出是强调合作的主动学习教学方法而不是 SCALE-UP 类型空间特征影响学生的表现，因此建议要调整现存教室以提高学生的参与度，而不是整合昂贵的技术[9]。为验证教学方法变化对教学的影响，Brooks 等人进行了后续实证研究，将空间作为常量，教师使用不同的教学方法，即都在主动学习空间（ALCs）中进行，比较主动教学方法和传统的讲授方法对学生学习的影响。研究最终得出，改变教学方法以适应空间变

化对学生各种能力的培养都有积极的影响[10]。

　　宋畅等人通过问卷调查法、访谈法及课堂观察法对"未来学习体验中心"的应用效果进行全面评估后发现，学生和教师的整体满意度较高，教室的设施能够更好地支持教学，在一定程度上促进了师生及生生互动，给师生带来了愉快的学习体验。但也存在教学软件兼容性差、设备使用故障等问题[11]。

　　可见，学习空间应用效果的评估是一个受多主体、多维度因素影响的复杂问题。学习空间评估需要整合教学与学习的评估。教师的努力教学可以促进学习，教师和学生都可以得到学习空间的支持，因此，合适的评估目标包含学习结果、教学方法和空间使用。学习空间评估应该以学习效果为中心，从教师、学生、空间等多个角度进行，针对不同的角度要采用合适的测量工具进行数据的收集与分析。当前的研究实践可以为我们提供研究思路，借鉴研究经验。

6.3　案例研究

　　本研究基于华东师范大学的新型学习空间，综合运用学生问卷调查、教师访谈及对教师教学行为的视频分析等方法，从学生、教师及教学过程的角度对新型空间的应用效果进行了三角互证分析。研究发现，学生对新型学习空间有较高的满意度，行为参与、情感参与、课堂社会性交互都与满意度显著相关，其中社会性交互相关度最高；教师对新型学习空间的态度冷热不均，教师的态度及使用体验影响其对空间的使用程度；教师教学行为的视频分析显示，教师讲授显著降低，课堂教学互动不足，技术功能使用有限。

　　综合三个角度的数据得出，教师积极适应新型学习空间的变革，学生主观满意并未带来实际行为参考的改变，空间结构布局比技术功能对教师和学生的影响更大。对学习空间应用效果的研究有助于进一步了解空间对人的行为的影响，为改进空间设计和应用推广提供了相应的参考。

6.3.1 研究问题

学习空间对教师的教学和学生的学习产生了重要影响，教师对新型学习空间的态度和应用策略影响其应用效果。由于学习空间对人的行为影响的复杂性，对学习空间应用效果的评估也非常复杂。当前，对新型学习空间应用效果的评估维度单一，评估方法不够完善，很难全面说明应用效果。为进一步了解现实情境中新型学习空间的应用效果，特别是从多维度、多角度了解新型学习空间的应用现状、问题及其原因，我们决定开展此项研究。研究基于华东师范大学的新型学习空间，运用问卷调查、教师访谈和课堂视频分析等方法，从学生、教师和教学过程三个维度对新型学习空间的应用效果进行评估。

6.3.2 研究对象

本研究以华东师范大学 2012 年建设的新型学习空间为例，选取 2016—2017 学年秋季学期安排在这批新型空间上课的 11 位教师和 316 名学生为研究对象，并同时录制这些教师在本校传统教室上课的视频，以便对教师在不同类型空间中的教学进行对比分析。这些新型学习空间以"未来课堂"为原型，参考国际新型学习空间案例进行设计，是学校在学习空间改革的全新探索。相比于传统多媒体教室，新型学习空间在桌椅配置、空间布局、技术装备、功能设计等方面以"学生为中心"的理念强调为学生主动学习、协作学习提供支持。新型学习空间的具体特征功能包括：灵活舒适的桌椅、六边形小组布局、双屏投影显示系统、配备电子白板功能、无线网络等，如图 6-1 所示。

图 6-1　新型学习空间布局

6.3.3　研究方法与工具

本研究采用定量与定性相结合的研究方法，并运用三角互证理念从学生、教师和教学过程三个角度来分析新型学习空间的应用效果。学生角度主要是通过定量方法分析学生在使用新型学习空间时的相关体验的问卷调查数据；教师角度主要是通过定性方法分析教师对新型学习空间的态度、使用体验等半结构化访谈数据；教学过程角度主要是通过定量方法分析教师课堂教学行为变化数据。学生问卷调查和教学视频分析运用 SPSS 软件进行分析；对于教师访谈运用 QSR Nvivo 11 软件进行分析。

（1）学生问卷设计

学生调查问卷主要用于了解学生在使用新型学习空间的体验及感受，目的是从学生的角度分析新型学习空间的应用效果。问卷参考 Handelsman 等人开发的"大学生课堂参与"量表维度[12]，从"行为参与""情感参与""社会性交互""教师教学行为"的 4 个维度设计 12 个题目，详见表 6-2。"行为参与"维度从学生行为参与角度考察学生在新型空间的参与情况，"情感参与"维度从情感的角度考察学生对新型空间的体验及感觉，"社会性交互"维度考察学生在新型空间中师生与生生的交互情况，"教师教学行为"维度考察学生感知到的新型学习空间中教师教学行为的变化。此外，问卷还包括学生的基本信息和满意度测量。问卷以学生主观报告的方式进行，采用李克特 5 分制量表设计。

表 6-2　学生问卷设计维度

维度	题目
行为参与（BE）	BE1 在新型空间上课，我每次都会来
	BE2 课堂上我会更加主动记录课堂笔记
	BE3 我会认真按时完成老师布置的作业
情感参与（EE）	EE1 能和同学们围坐在一起，心情很舒服
	EE2 良好的课堂气氛使我很愉悦
	EE3 在两次课中间我会更多地反思教学内容
社会性交互（SI）	SI1 课堂上我会更主动举手回答老师提问
	SI2 课堂上我会更积极地参与小组讨论
	SI3 我会更积极地与别的同学合作，完成小组作业
教师教学行为（TIB）	TIB1 老师会更多地走近我们，进行交流
	TIB2 老师会更多地组织我们进行课堂小组讨论
	TIB3 老师会更多地利用新型空间的技术来进行教学

（2）教师访谈设计

教师访谈的任务是了解教师对新型学习空间的态度、使用体验及在使用过程中遇到的问题，目的是从教师的角度来分析新型空间的使用效果。Parsons 设计了一个包括总体评价、学科影响因素、空间和技术对学生不同能力培养的影响等内容的访谈提纲[13]，参考 Parsons 的访谈提纲，我们设计了包括教师使用感受、满意度、遇到的问题、教师感知的空间适用性、教师感知的学生、总体评价、改进建议及继续使用意愿等内容的访谈提纲，见表 6-3。

表 6-3　教师访谈提纲

序号	题　目
1	在这种教室上课是您主动要求的，还是学校安排的？您是第几次在此教室上课？您第一次使用时是什么样的感受？在这种教室是否有不适应，是否遇到过技术问题？
2	您在这种教室与普通多媒体教室中的教学方法有何区别？
3	您对这种教室中的各种布局及技术设备是否满意？
4	您认为这种教室适合什么样的教学内容和教学方式？
5	您认为学生在这种教室是否学习得更好？有哪些好的表现？
6	您认为这种教室中哪些技术或布局的使用影响学生的学习和发展？ □桌子　　□椅子　　□桌椅布局　　□电子白板　　□双屏显示　　□无线网络 具体影响了以下哪些方面？ □学习能力　　□小组工作能力　　□课堂舒适感和享受感　　□注意集中能力 □意见表达能力
7	您认为这种新型教室还有哪些需要改进的地方？
8	请您用一句话来说明您对这种类型教室的态度。下学期是否打算继续在这种教室上课？

(3) 课堂视频分析框架

课堂视频分析的任务是分析教师在新型学习空间中的课堂教学视频，目的是从教学过程的角度分析新型学习空间的实际应用效果。Brooks 设计了一个课堂数据分析框架，包括课堂活动、内容传递、教师行为和学生行为 4 个维度，其中"课堂活动"维度包括"讲授、小组活动、讨论、问答"，"内容传递"维度分为"PowerPoint、白板"两种，"教师行为"维度分为"教师在讲台、不在讲台，协商、非协商"，"学生行为"维度分为"高任务参与、中任务参与、低任务参与"[14]。我们以 Brooks 的课堂数据分析框架为基础，综合考虑研究的特点和目的，最终形成了主要以微观教学事件为考察对象，结合新型空间对教学支持的特点，以教师教学方法、技术使用、教学特色为 3 个主要维度，以及 22 个教学事件的课堂教学视频为分析框架。其中，教学方法维度包括 1—14 教学事件，主要从教师讲授比例，组织课堂讨论、小组协作、教师提问和教师指导等方面进行分析；技术使用维度包括 15—21 教学事件，主要从教师板书、视频和音频的使用、个人终端和网络使用的角度进行分析；教学特色维度则是从教师个性化教学策略运用的角度进行分析，具体编码见表 6-4。对不同教学事件和技术运用反映了教师的教学方法策略和技术倾向，而设置对话超过 2 话轮则用于考察互动深度。

表 6-4　教学过程视频分析框架

维度	编码		频次/比例	表述
教学方法	1. 讲授比例			教师直接讲授时间占课堂总时间的比例
	小组协作	2. 小组汇报次数		小组汇报、情景展示等协作活动的次数
		3. 生生互动次数		小组汇报结束后生生交互问答
		4. 2 话轮以上的次数		生生交互问答超 2 话轮以上的次数
		5. 师生互动次数		小组汇报结束后的师生交互问答
		6. 2 话轮以上的次数		师生交互问答超 2 话轮以上的次数
	7. 组织课堂讨论次数			教师组织课堂讨论的次数
	教师提问	8. 教师提问次数		教师提问次数
		9. 2 话轮以上次数		教师提问中超 2 话轮以上的次数
		10. 学生向教师提问次数		学生向教师提问的次数
		11. 2 话轮以上次数		学生向教师提问超 2 话轮以上的次数
	教师指导	12. 教师对单个学生指导次数		教师对单个学生进行指导交流的次数
		13. 教师对小组指导次数		教师对某个小组进行指导交流的次数
	14. 教师离开讲台时间			教师不在讲台的时间

续表

维度	编码		频次/比例	表述
技术使用	板书	15. 板书次数（黑板）		教师在黑板上板书的次数
		16. 板书次数（电子白板）		教师在电子白板上板书的次数
		17. 替代板书		教师利用 Word、ppt 等替代板书的次数
	18. 视频使用次数			教师在课堂中使用音频资源的次数
	19. 音频使用次数			教师在课堂中使用音频资源的次数
	20. 个人终端使用次数			教师允许学生使用个人终端查找相关材料
	21. 教师使用网络次数			教师使用网络及教学平台的次数
教学特色	22. 特色教学策略			教师使用的特色教学策略说明

6.3.4 数据分析

(1) 学生问卷数据

问卷以在线方式发放，目标群体是参与此次研究的在新型学习空间上课的 11 个班级的 316 名学生。由于部分学生同时参与两位教师的课堂，实际回收问卷 248 份，问卷回收率为 78.48%。运用 SPSS 24 软件对学生问卷调查的信度及效度进行检验。首先进行了信度检验，各个维度分量表的克朗巴哈 α 系数均在 0.8 以上，总体量表的克朗巴哈 α 系数为 0.958，说明问卷具有较高的信度，详见表 6-5。其次进行了效度检验，KMO 值为 0.938，并且通过了显著性水平为 0.05 的巴特利球型检验，说明问卷具有较高的效度，如图 6-2 所示。

表 6-5　学生问卷信度分析

变量	条目数	α	
行为参与（BE）	3	0.835	
情感参与（EE）	3	0.879	0.958
社会性交互（SI）	3	0.897	
教师教学行为（TIB）	3	0.914	

KMO and Bartlett's Test

Kaiser-Meyer-Olkin Measure of Sampling Adequacy.		0.938
Bartlett's Test of Sphericity	Approx. Chi-Square	2 879.393
	df	66
	Sig.	0.000

图 6-2　学生问卷效度分析

① 问卷描述信息。问卷共回收 248 份，其中男生 67 人（27.02%），女生 181 人（72.98%），一年级 208 人（83.87%），二年级 12 人（4.84%），三年级 25 人（10.08%），四年级 1 人（0.4%），研究生及以上 2 人（0.81%）。

② 学生感知新型空间的特征功能。

学生最满意的新型空间的特征功能排在最前面的是双屏显示（62.1%）和桌椅布局（48.79%），此后依次为桌椅形状（45.16%）、电子白板（24.6%）、无线网络（11.69%）、分屏显示（4.84%）和教师机及软件系统（2.82%），如图 6-3 所示。

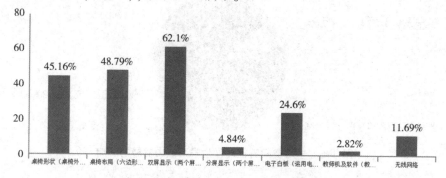

图 6-3　学生最满意的学习空间特征功能

③ 学生感知对自己影响最大的空间特征。

学生感知对自己影响最大的两项特征功能排在最前面的是桌椅布局（58.47%）和双屏显示（51.21%），此后依次为桌椅形状（29.03%）、电子白板（25.4%）、教师机及软件系统（14.92%）、无线网络（12.1%）、分屏显示（8.87%），如图6-4所示。

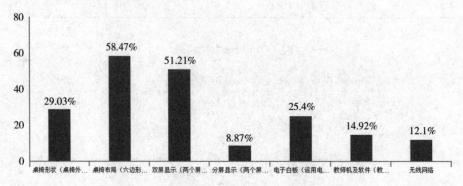

图6-4　学习空间对学生影响最大的特征功能

④ 学生感知空间特征功能对学生能力的发展。

学生认为新型学习空间对自己的影响排在最前面的是小组工作能力（77.02%）、课堂舒适感和享受感（59.68%），此后依次为意见表达能力（27.82%）、知识学习能力（21.77%）、注意集中能力（13.71%），如图6-5所示。

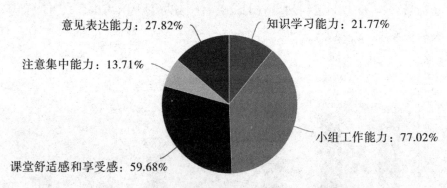

图6-5　学习空间特征对学生学习能力发展的影响

⑤ 学生满意度。

通过分析，学生对新型学习空间的满意度很喜欢的占 14.92%，喜欢的占 42.74%，认为一般的占 36.29%，不喜欢的占 4.44%，很不喜欢的占 1.61%，如图 6-6 所示。

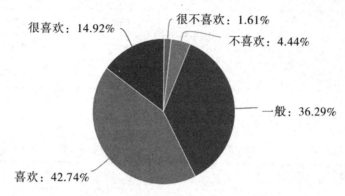

很喜欢：14.92%
很不喜欢：1.61%
不喜欢：4.44%
一般：36.29%
喜欢：42.74%

图 6-6　新型学习空间的学生满意度

⑥ 相关性分析。

通过分析，学生满意度均值为 3.65，不同维度均值从大到小依次为行为参与（4.030 9）、教师教学行（3.884 4）、情感参与（3.849 5）、社会性交互（3.621 0）；不同维度与学生满意度的相关度从大到小依次为社会性交互（0.315）、教师教学行为（0.243）、情感参与（0.238）、行为参与（0.063）；其中，社会性交互、教师教学行为和情感参与在 0.01 水平上显著相关，行为参与在 0.05 水平上显著相关，如图 6-7 所示。

（2）教师访谈

按照研究计划，我们研究结束时对研究涉及的 11 位授课教师进行了半结构化访谈。访谈利用教师课后时间进行，保证了访谈过程中不受打扰，在征得访谈对象同意的情况下进行了录音，数据分析主要是运用 QSR Nvivo 11 对访谈数据进行了质性分析。具体分析过程包括：首先将录音导入 QSR Nvivo 11 软件，对访谈录音进行文本转录，形成文档材料；其次是对运用"新建节点"的方式提取关键词，对录音文本进行初次编码；最后运用"分层节点"对不同节点进行主题归类，经综合分析后得出每个主题

Descriptive Statistics

	Mean	Std. Deviation	N
学生满意度	3.65	0.845	248
行为参与	4.030 9	1.016 04	248
情感参与	3.8495	1.03892	248
社会性交互	3.6210	1.12137	248
教师教学行为	3.8844	1.08980	248

Correlations

		学生满意度	行为参与	情感参与	社会性交互	教师教学行为
学生满意度	Pearson Correlation	1	0.063	0.238**	0.315**	0.243**
	Sig. (2-tailed)		0.323	0.000	0.000	0.000
	N	248	248	248	248	248
行为参与	Pearson Correlation	0.063	1	0.838**	0.695**	0.759**
	Sig. (2-tailed)	0.323		0.000	0.000	0.000
	N	248	248	248	248	248
情感参与	Pearson Correlation	0.238**	0.838**	1	0.846**	0.827**
	Sig. (2-tailed)	0.323		0.000	0.000	0.000
	N	248	248	248	248	248
社会性交互	Pearson Correlation	0.315**	0.695**	0.846**	1	0.786**
	Sig. (2-tailed)	0.000	0.000	0.000		0.000
	N	248	248	248	248	248
教师教学行为	Pearson Correlation	0.243**	0.759**	0.827**	0.786**	1
	Sig. (2-tailed)	0.000	0.000	0.000	0.000	
	N	248	248	248	248	248

图 6-7　学生问卷不同维度相关性分析

的主要概念。总体来看，11 位教师对学校新型空间的改革表示关注，都喜欢在新型空间中进行授课，但每位教师各自对新型空间有着不同的体验和看法。经过分析，我们最终将访谈内容归为五类主题，围绕教师对新型空间的使用体验及满意度、教学方法与学科适用性、对学生反应的感知及改进建议等方面总体概括如下：

① 教师使用体验及满意度。

在 11 位教师中，有 9 位是学校安排使用此类型学习空间，有 2 位是主动要求使用此类型的学习空间；有 3 位教师是第一次使用，有 4 位教师第二次使用，另有 4 位教师是第三次使用此类型教师。教师们在谈到第一次使用时的感受时，9 位教师未感到不适应，并认为新型学习空间新奇、方便、现代化、环保等，只有 2 位教师表示稍微有些不适应，这种不适应主要来自白板使用不便及投影不清晰等。在谈到满意度时，有 5 位教师比较满意，5 位教师基本满意，其中 4 位教师表示空间小，2 位教师表示投影不清晰。

② 教学方法与学科适用性。

在谈到此类新型学习空间适合的教学方式和教学内容时，有 4 位教师提到此类空间更适合小班化教学；有 4 位教师提出比较适合讨论式教学，还有教师提到适合研讨型和头脑风暴式等讲授内容少而互动多的课程，如基于任务的、小组工作的创新创业类课程；也有部分教师提到这种空间更适于硕士和博士阶段的研讨型课程。

③ 教师对学生反应的感知情况。

在谈到在新型空间中学生的表现时，有 3 位教师表示，学生的参与度有所提高，课堂表现比较放松，拉近了教师与学生的距离；有 3 位教师表示学生变化并不十分不明显；有 1 位教师表示新型空间中存在学生扭头看屏幕，不舒服的问题。在谈到新型空间的哪种特征对学生有影响时，教师表示首先是桌椅布局，其次是双屏显示、桌子和电子白板、无线网络，如图 6-8 所示。

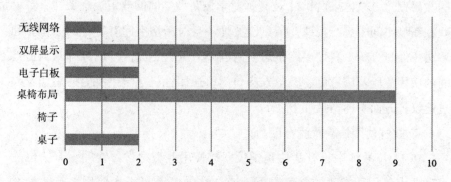

图 6-8   新型学习空间的不同特征对学生的影响

在谈到新型学习空间对学生不同能力发展的影响时，11 位教师一致认为新型学习空间对学生的小组工作能力影响最大，其次是课堂舒适感与享受感、意见表达能力、注意集中能力，如图 6-9 所示。

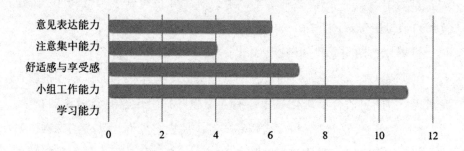

图 6-9   新型学习空间对学生不同能力发展的影响

④ 改进建议。

在访谈中谈到改进意见时，有 6 位教师表示，新型学习空间的空间较小，在学生都坐好的情况下，中间没有走路的过道，课堂中教师想走近各个小组存在困难。所以教师建议通过更换小型，或减少桌椅数量来增大师生活动空间。有 3 位教师表示，在现有的新型学习空间中，没有传统教室中的黑板，白板如何使用没有经过相关培训，使用不熟练，所以教师感觉板书不太方便，教师建议增加移动手写白板，以方便教师进行板书。有 4 位教师表示，新型学习空间数量太少，学校应该加大投入力度，加快教室改革步伐，为教师提供更多的新型空间。还有 2 位教师提出，现行新型空间中的桌椅大而重，虽可移动但很费力，且移动时噪音较大，不便于教师根据教学活动的需要进行空间的重新布局，应该增加桌椅的移动性，方便师生进行移动，比如更换成带轮子的桌椅等。

最后，11 位教师在对新型学习空间的总体态度上都表示喜欢，今后会继续使用，且会尝试根据需要改革自己的教学方法，充分利用新型学习空间的功能。

(3) 教学过程数据

我们从中进行抽样分析，抽取 11 位教师中传统课堂和新型空间各一次进行对比分析，得到表 6-6 的汇总数据。下面按分析框架的不同维度对数据进行详细分析。

① 教学方法维度数据分析。

教学方法维度包括教师讲授比例、小组协作、讨论、教师提问及教师位置变化等方面。运用 SPSS 软件进行差异性检验得出，教师讲授比例、教师离开讲台的时间比例及小组汇报在两种空间中存在显著性差异，而除此以外的其他指标不存在显著性差异。但从均值来看，新型空间中的数值普遍大于传统空间，说明教师在新型空间中讲授时间比例显著减小，更倾向于使用小组汇报的方式组织课堂活动，教师离开讲台的时间比例明显增大，教师更倾向于走下讲台，走近学生。但小组互动、教师提问及指导、技术使用等方面变化不显著，从均值来看，新型空间中的数值普遍高于传统空间。

其中，小组协作包括小组汇报、生生互动、生生互动 2 话轮、师生互动、师生互动 2 话轮，除小组汇报在两种空间中存在显著性差异外，其他 4 项指标差异不显著，在有小组汇报的 15 节课程中共计有 29 次小组汇报，其中有 9 节在新型空间中的课程，共计有 21 次，有 6 节传统多媒体教室中的课程，共计 8 次。有小组汇报的 15 节课程中有 1 节课没有生生互动，其他 14 节课中共计 110 次，其中有 8 节在新型空间的课程有 66 次，6 节在传统教室的课程有 44 次。在 15 节有小组汇报的课程中有 8 节课程共计 17 次

表6-6　教师课堂教学视频抽样分析

维度	编码	T1_N	T1_T	T2_N	T2_T	T3_N	T3_T	T4_N	T4_T	T5_N	T5_T	T6_N	T6_T	T7_N	T7_T	T8_N	T8_T	T9_N	T9_T	T10_N	T10_T	T11_N	T11_T
讲授	1. 讲授比例	0.33	0.74	0.36	0.93	0.69	0.71	0.44	0.66	0.65	0.67	0.78	0.88	0.19	0.93	0.21	0.73	0.69	0.58	0.10	0.72	0.44	0.70
	2. 小组汇报次数	3	1	1	0	0	0	3	2	1	1	0	0	5	0	3	0	2	2	2	1	1	1
小组协作	3. 生生互动次数	21	19	0	0	0	0	8	7	4	5	0	0	5	0	8	0	2	5	7	2	11	6
	4.2 话轮以上次数	2	1	0	0	0	0	1	0	0	0	0	0	0	0	2	0	0	0	5	0	3	0
	5. 师生互动次数	0	3	0	0	0	0	5	10	0	0	0	0	4	0	1	0	3	6	6	3	3	0
	6.2 话轮以上次数	0	1	0	0	0	0	2	3	0	0	0	0	2	0	0	0	1	1	5	3	0	0
讨论	7. 组织课堂讨论次数	0	0	1	0	2	0	0	0	0	0	0	2	0	2	0	0	0	0	0	0	0	0
	8. 教师提问次数	12	12	28	15	26	21	17	17	24	26	8	3	3	19	53	5	10	0	0	1	8	4
教师提问	9.2 话轮以上次数	1	4	11	4	11	8	8	7	9	20	9	2	3	5	22	4	2	0	0	1	4	2
	10. 学生向教师提问次数	1	0	0	0	0	0	0	0	0	0	0	2	0	0	14	0	0	0	3	0	0	0
	11.2 话轮以上次数	1	0	0	0	0	0	0	0	0	0	0	1	0	0	5	0	0	0	2	0	0	0

续表

维度	编码	T1_N	T1_T	T2_N	T2_T	T3_N	T3_T	T4_N	T4_T	T5_N	T5_T	T6_N	T6_T	T7_N	T7_T	T8_N	T8_T	T9_N	T9_T	T10_N	T10_T	T11_N	T11_T
教师指导	12. 教师对单个学生指导次数	0	0	2	0	0	0	12	3	0	0	0	0	1	0	0	0	0	0	0	0	0	0
	13. 教师对小组指导次数	0	0	1	0	0	0	1	0	0	0	0	0	0	0	2	0	2	0	0	0	0	0
位置	14. 教师离开讲台的时间	0.73	0.30	0.67	0.53	0.74	0.61	0.49	0.32	0.15	0.23	0.26	0.05	1.00	0.76	0.60	0.15	0.62	0.63	0.32	1.00	0.57	0.23
	15. 板书次数（黑板）	0	18	0	24	0	0	0	0	0	0	9	0	0	13	0	0	0	26	3	0	0	0
	16. 板书次数（电子白板）	0	0	0	0	33	30	0	0	0	3	0	0	0	0	0	0	24	0	0	0	0	0
	17. 替代板书	0	0	0	0	7	3	1	4	6	3	0	0	0	0	0	0	0	0	0	0	0	0
技术使用	18. 视频使用次数	2	0	0	0	0	0	0	0	0	0	0	0	0	0	0	0	0	0	0	0	4	2
	19. 音频使用次数	0	1	0	0	0	0	1	1	0	0	0	0	0	0	0	0	0	1	0	1	0	0
	20. 个人终端使用检查次数	0	0	1	0	0	0	0	0	0	0	0	0	0	0	0	0	0	0	0	0	0	0
	21. 教师使用网络次数	0	0	0	0	2	2	0	0	0	0	0	0	0	0	0	0	0	0	0	0	0	0
教学特色	22. 特色教学策略	微信	冥想	抽奖	无	无	无	奖励	奖励	提问加分	提问加分	无	无	无	无	红包	红包	TED	TED	无	无	无	无

生生互动 2 话轮，其中 5 节新型空间课程中有 13 次，3 节传统教室课程中
有 4 次。在 15 节有小组汇报的课程中，10 节课程中共有 44 次师生互动，
其中 6 节新型空间课程中有 22 次，4 节传统教室课程中有 22 次。在 15 节
有小组汇报的课程中，有 9 节课程共计 19 次师生互动 2 话轮，其中在 5 节
新型空间课程中有 11 次，在 4 节传统教室课程中有 8 次。说明教师使用的
小组协作方式还不够，未达到小组协作的深层互动。不同空间中的小组协
作变化情况如图 6-10 所示，正值表示在教师在新型空间比传统空间多，
负值表示新型空间比传统空间少。

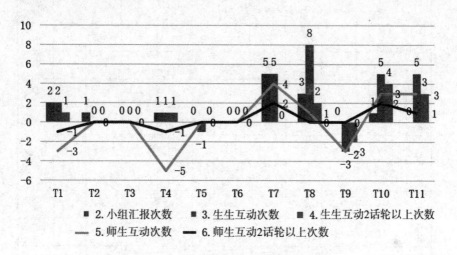

图 6-10   两类空间中课堂小组协作变化情况

　　教师组织的课堂讨论在两种空间中使用不多，11 位教师中只有 4 位教
师使用，其中在新型空间中有 2 位教师组识课堂讨论共计 3 次，有 2 位教
师在传统多媒体教室中组织课堂讨论共计 3 次。

　　教师提问包括课堂中发生的教师提问、教师提问 2 话轮、学生向教师
的提问、学生向教师提问 2 话轮。在抽样分析的 22 节课中，教师提问共计
312 次，其中新型空间中 189 次，传统空间中 123 次；教师提问 2 话轮共
计 137 次，其中新型空间中 80 次，传统空间中 57 次；学生向教师提问共
计 20 次，其中新型空间中 18 次，传统空间中 2 次；学生向教师提问 2 话
轮共计 8 次，其中新型空间中 1 次，传统空间中 9 次。从详细数据来看，

不同教师的课堂提问变化不同，如图 6-11 所示，图中正值表示新型空间比传统空间中多，负值表示新型空间中比传统空间中少。

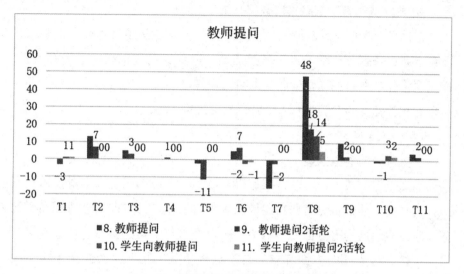

图 6-11   两类空间中教师提问变化情况

从分析数据来看，有 4 节课中出现教师指导个人的行为共计 18 次，其中 3 节是在新型空间；而有 4 节课中出现教师指导小组的行为共计 6 次，均出现在新型空间中。

② 技术使用维度数据分析。

技术使用维度指标主要包括教师板书，课程中视频、音频资源的利用，课堂中个人终端的使用，以及网络教学平台的使用。总体来看，教师基本上使用 PPT 进行教学内容的呈现，其他技术使用并不多。教师在传统多媒体教室使用黑板板书，教师在新型空间中板书是用电子白板来进行板书，有的教师直接用 word 或 PPT 来替代板书。在 11 节传统多媒体教室的课程中，有 6 位教师的课堂中共计使用 93 次板书（黑板）；有 2 位教师在 3 节课中（部分传统教室有电子白板设备）共计使用电子白板 87 次；有 2 位教师分别在自己的课堂中 14 次使用了 Word 或 PPT 来替代板书；有 5 位教师在自己的课堂上共计使用 29 次视频资源；有 3 位教师在其传统多媒体教室的课堂中各使用 1 次音频资源，共计 3 次；有 2 位教师在课堂中使用

手机进行资源检索；有 1 位教师分别在其传统多媒体教室和新型空间的课堂中共计 4 次使用网络平台。

③ 教师特色教学策略维度数据分析。

在抽样分析的 22 节课中，有 11 节课中教师使用了特色教学策略，主要包括课程开始后让学生进行冥想活动、运用微信红包激发学生的兴趣、使用课堂互动游戏调动学生课堂参与的积极性、设计提问加分策略、进步奖励、积分抽奖活动等多种新型特色教学策略。

（4）小结

学生调查问卷数据显示，学生对新型学习空间的满意度较高，他们认为最满意、影响最大的功能特征是双屏显示、六边形围坐的桌椅布局及不一样的桌椅；他们认为这些功能特征对小组工作能力、课堂舒适感和享受感及意见表达能力等方面的影响最大；行为参与、情感参与、社会性交互及教师教学行为四个方面都与满意度显著相关，其中社会性交互相关度最大。

教师访谈数据显示，教师对新型空间改革实践表示欢迎，对现有新型空间的学科适用性持不同看法，这在一定程度上决定了教师对新型学习空间的使用程度；教师认为对学生影响最大的为六边形围坐的桌椅布局和双屏显示，并认为新型空间对学生小组工作能力、舒适感和享受感及意见表达能力有重要影响；同时，教师针对新型空间存在的问题提出了相应的改进建议。

教学过程数据显示，教师在新型空间中的教学结构发生了变化，讲授比例显著下降，小组汇报显著增多，师生空间距离明显拉近，但是在小组互动、教师组织讨论、教师提问与指导，以及技术使用方面没有显著性差异。可见，新型空间中的教师教学行为开始出现新的变化，但主要在讲授比例、师生距离、小组汇报等较为浅显的层面，而在反映学习空间深层应用的师生交互、生生交互、技术使用方面变化不显著。

6.3.5　总结与讨论

本研究通过学生问卷调查、教师访谈和教师教学行为的视频分析，从学生、教师和教学过程三个角度对新型学习空间的应用效果进行了评估。学生问卷数据反映了学生在行为参与、情感参与及社会性交互方面的使用体验；教师访谈反映了不同教师对新型空间的不同态度及使用过程中遇到的不同问题；课堂教学视频分析反映了实际教学中因学习空间不同而发生的教师教学行为变化的客观情况。综合三个角度的结果，我们可以得出以下结论：

（1）教师积极适应新型学习空间变革

教师访谈和教学过程数据显示教师普遍认可新型学习空间的改革实践，教师在新型空间中的教学行为有积极变化，但主要集中在讲授比例显著下降、小组汇报显著增多、师生空间距离明显拉近等方面，在小组互动、教师组织讨论、教师提问与指导，以及技术使用方面没有显著性差异。这说明教师对新型空间正在积极适应过程中，目前应用尚处于较浅层次。不论对于教师个人，还是学校，空间应用层次的由浅入深、由简入精是一个不断进化的过程，学校和教师在未来还需在师生交互、生生交互、技术使用方面等开发深层应用策略。

（2）学生主观满意并未带来实际行为的改变

学生问卷反映了学生对新型学习空间持有较高的满意及喜欢程度，其中社会性交互与满意度相关度最大，但在教学过程中学生的小组互动在两种空间中并不存在显著性差异。可见，新型学习空间的社会性参与对学生来说主观感觉胜过实际行为。因此，教学过程中教师活动组织策略还需要加强。

（3）空间的结构布局比技术功能影响更大

三个角度的数据都显示出，新型空间的结构布局相比技术来说，对学生和教师的影响更大。空间结构布局的变化对教师的影响是直接的、显性的，教师更容易根据空间结构布局的变化改变自己的教学方式，而不需要太多时间成本即可实现；空间中的技术应用则需要教师具有较高的信息技术素养，且需要花一定的时间去学习和熟悉新型技术功能的使用，还要思考新型功能与教学内容的有效整合，因此，新型空间中技术功能对教师的影响是间接的、隐性的。同样地，学生感到满意及影响最大的也是六边形围坐的布局。可见，相对于技术功能来说，新型空间的结构布局对教师和教学的影响更大。

随着信息技术和教学理念的快速更新，学习空间变革趋势越来越快，多元化的新型学习空间将不断涌现，学习空间应用效果评估研究意义重大。本研究尝试从多角度和多维度出发对新型学习空间的应用效果进行评估，较为全面地揭示了新型学习空间的应用现状、存在的问题及原因。同时，本研究也存在参与研究的教师较少、教师教学行为视频分析框架不够完善等问题。

为了更好地改进空间设计和推广应用，后续将针对新型学习空间的应用效果展开进一步研究，扩大参与教师样本，改进研究方法，完善教师视频分析框架，以最大限度地了解学习空间应用的客观情况，为空间改进及应用提供参考。

参考文献

[1] Roberts S, Weaver M. Spaces for learners and learning: Evaluating the impact of technology-rich learning spaces [J]. New Review of Academic Librarianship, 2006, 12 (2): 95-107.

[2] Jamieson * P. Designing more effective on-campus teaching and learning spaces: a role for academic developers [J]. International Journal for Academic Development, 2003, 8 (1-2): 119-133.

[3] Warger T, Dobbin G. Learning environments: Where space, technology, and culture converge [M]. EDUCAUSE Learning Initiative, 2009: 6.

[4] Hunley S, Schaller M. Assessing learning spaces. In D. G. Oblinger (Ed.), Learning spaces [M]. Boulder, CO: Educause, 2006: 166.

[5] Hunley S, Schaller M. Assessment: The key to creating spaces that promote learning [J]. Educause review, 2009, 44 (2): 26.

[6] Boddington A, Boys J. Re-Shaping Learning: A Critical Reader [M].

SensePublishers, 2011.

［7］陈向东，吴平颐，张田力. 学习空间开发的 PSST 框架［J］. 现代教育技术，2010，05：19-22.

［8］［14］Brooks D C. Space and consequences：The impact of different formal learning spaces on instructor and student behavior［J］. Journal of Learning Spaces, 2012, 1（2）.

［9］Stoltzfus J R, Libarkin J. Does the Room Matter? Active Learning in Traditional and Enhanced Lecture Spaces［J］. CBE-Life Sciences Education, 2016, 15（4）.

［10］Brooks D C, Solheim C A. Pedagogy matters, too：The impact of a-dapting teaching approaches to formal learning environments on student learning［J］. New Directions for Teaching and Learning, 2014, 2014（137）：53-61.

［11］宋畅，刘月，陈悦，等. 未来学习空间应用效果评价——以北京师范大学未来学习体验中心为例［J］. 开放教育研究，2015，06：39-52.

［12］Handelsman M M, Briggs W L, Sullivan N, etal. A Mea-sure of College Student Course Engagement［J］. The Journal of Edu-cational Research, 2005, 98（3）：184-192.

［13］Parsons C S. Space and consequences：The influence of learning spaces on student development and communication［D］. The University of Alabama TUSCALOOSA, 2015：164.

第 7 章

理论与拓展：场所感理论
与新型学习空间研究

A place is a space that people have made meaningful.

——Cresswell Tim

学习空间不仅指各色各样的正式学习空间，还包括走廊、过道、拐角、花园、广场等非正式学习空间。随着学习理念的快速更新与信息技术的迅猛发展，学习空间变革逐渐成为趋势。但过度追求速度与规模，会造成校园学习空间出现均质化现象，导致学生场所感不强、学习投入度低等问题。场所感作为空间理论的重要内容，是指人对某一特定场所的情感依恋、认同和功能依赖，可以为解决当前学习空间中存在的问题提供新的理论视角。本章通过文献可视化分析软件 CiteSpace 对教育领域中场所感的相关文献进行系统性分析，为学习空间研究提供相应的启示：要从人文地理学、环境生态学、建筑学、景观设计等相关学科中汲取更多的理论给养，弥补学习空间研究理论基础匮乏的局限；明确学习空间研究可以从场所依恋、场所认同和场所依赖三个维度来促进学生的校园场所感；技术在信息收集、场所感营造、场所定位、信息呈现等方面可以有效促进场所感。场所感理论为学习空间研究提供了新的理论视角和实践框架，对完善校园学习空间重构和智慧校园建设具有重要的理论与实践意义。

　　近年来，随着学习理念对传统学习空间提出的挑战，以及信息技术深度融合教育所带来的机遇，智慧校园建设、智能学习空间重构受到越来越多的关注[1]。但由于过度追求规模与速度，新建、改扩建校园空间硬件方面存着着建筑雷同、景观单一、空间结构不尽合理等问题，软件方面缺少对学校文化的传承及内涵气质的挖掘，场所意义和场所精神比较淡薄[2]。校园学习空间的均质化趋势使得学生校园环境体验感差、融入度低，难以形成对校园场所的情感依恋，使学生场所感不强、场所认同度较低、学习投入度不高。这些问题在很大程度上是由于教育研究中长期对空间关注不够造成的。对校园学习空间的研究往往局限于对单独的条件、因素、形式等的孤立探索，或是对教育现代化的空间意象的理想化追求；同时，信息技术的应用在解决部分效率问题时又带来了新的适应问题。

7.1　教育研究中的空间转向

　　至 20 世纪 60~70 年代，教育研究中开始出现一种新的转向。Williams 指出校园的物理环境设计与建设是对大学使命的补充和加强，校园不仅要反映和支持一般的学习过程，还应该反映居于其中的人的独特价值观和愿望[3]；Dewey 指出，学校要与我们的社会生活保持有机联系，校园空间应该成为弘扬自由与个性的民主主义教育试验田[4]；我国学者苏尚锋对校园中固定空间、半固定空间及不定空间的生产与实践进行了详细论述，为我们呈现了空间视角下校园活动的整体画面[5]。这些研究重点关注教育中的空间性，强调校园空间在学习活动中的重要性，不同程度地体现了教育研究的"空间转向"。"空间转向"形成于 20 世纪后半叶，强调打破运用时间进行叙事的单一形式，运用空间概念或空间思维去重新审视社会。所谓空间观念是指采用空间范畴认识和思考周围世界，使用空间架构来描述和表达观点，用运空间途径解决社会问题[6]。在空间转向时期，涌现了列斐伏尔、哈维、苏贾、布迪厄、吉登斯等空间研究者，他们从不同角度对人类生活和社会发展的空间性进行了深入研究，逐步形成了社会科学研究的"空间转向"变革。教育研究需要打破长期的线性方式，不能将丰富内涵事件时空体简化成历史过程的复述，要引入空间理论，运用相应的空间分析框架、空间视角、空间话语，还原教育活动的具象时空情境[7]。场所（Place）是空间研究中的重要概念，场所感（Sense of place）① 是人对特定场所的情感依恋、认同与功能依赖[8]，是研究人地空间关系的重要内容。校园学习空间作为学习发生的特定场所，学生对校园学习场所的情感依恋、认同和功能依赖即形成校园场所感。通过对当前教育领域中的场所感研究文献进行回顾，了解当前研究的现状及热点，以期为校园学习空间研究提供新的理论视角，为校园学习空间重构、智慧校园建设提供相应的研究启示。

7.2　教育领域中的场所感

教育研究要实现空间转向，就要树立空间观念，在教育研究中充分运用空间理论，即用空间视角去观察，用空间思维去理解，用空间维度去表述。校园学习空间作为教育中最基础、最重要的组成部分，是实施空间转向研究的天然对象和实现途径。当前，虽然教育研究中的空间观越来越多，但在新兴技术与教育的深度融合背景下，教育时空发生了重大转变，出现了更多新情况，作为场所的学习空间研究，还需要探寻更深层次的理论支持。

场所感研究具有很强的跨学科特性，从最早的人文地理学、环境生态学，后来逐渐拓展到自然资源管理、旅游休闲、城市景观设计、历史街区等领域。这些学科的共同特征是与某一类别特定的场所直接相关，都可以运用场所感理论进行分析。在教育领域中，也有学者尝试运用场所感理论去分析校园环境创建、学习空间的设计，但还不够系统和深入。

---

① 场所感，由于学科的区别，被译为场所感和地方感，地方感多用于人文地理学、环境心理学，场所感多用于建筑学和景观设计领域，这里使用场所感进行表述。

7.2.1　国际研究现状

为了详细了解教育领域中的场所感研究现状与前沿，借助可视化文献分析软件 CiteSpace 5.3 R4（64-bit），通过关键词共现、学科共现、作者共被引、文献共被引等特色功能的分析，对教育领域中的场所感相关文献进行系统性分析。

（1）研究样本与学科联系

以外文数据库 Web of Science 的核心合集为文献数据源，检索场所感和校园环境、学习空间、教育相关的文献，为了使检索更加全面且有针对性，采用多主题词组合的高级检索方式进行，文献起止时间为 1982 年至 2019 年 7 月 30 日。综合检索式为：TS =（（"sense of place" and "campus environment"）or（"sense of place" and "learning environment"）or（"sense of place" and "learning space"）or（place and "campus environ-ment"）or（place and "learning environment"）or（place and "learning space"）or（"sense of place" and education））。基于以上检索式，共检索到 836 篇文献。通过详细阅读每一篇文献的篇名、摘要、关键词，去除内容相关度不高的文献 704 篇，将剩余的 132 篇文献作为目标样本进行深入分析。对目标样本文献的类别、国别及年度发文进行初步整理，从国家分布情况来看，排在前 5 位的是美国（49）、英国（23）、澳大利亚（11）、加拿大（9）、中国（6），此外还有芬兰、瑞典、荷兰、巴西、以色列、意大利、挪威、波兰、南非、西班牙、土耳其等。从文献发表年度来看，最早的见于 1992 年，1992—2010 年共 26 篇，平均每年 2 篇，属于初步萌芽阶段；2011 年至今，共计 106 篇，平均每年约 12 篇，属于逐步发展阶段，如图 7-1 所示。

利用 CiteSpace 生成的学科共现网络分析显示，教育领域中的场所感研究与多个学科领域联系紧密，主要包括地理学（13）、环境科学与生态学（18）、环境研究（12）、语言学（5）、建筑（3）、工程学（3）、城市研究（3）等。

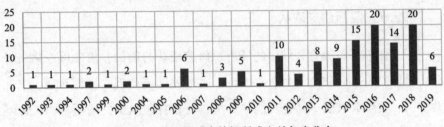

图7-1　教育领域中的场所感文献年度分布

（2）相关理论基础

① 文献共被引分析。

文献共被引是指两篇参考文献被同一篇文献引用的现象，通过分析文献共被引聚类及关键节点可以揭示出某个研究领域的知识结构，即研究领域的理论基础。CiteSpace 利用模块值 Modularity（简称 Q 值）和平均轮廓值 Silhouette（简称 S 值）两个指标评判聚类图谱绘制效果的依据。$Q > 0.3$ 就意味着划分出来的结构是显著的，当 S 值在 0.5 以上时，聚类一般认为是合理的[9]。通过对施引文献的关键词进行的文献共被引聚类，Q 值为 0.712 8，$Q > 0.3$，S 值为 0.605 3，且 $S > 0.5$，说明聚类效率较高，共发现 59 个节点、107 条连线，被引文献数量为 5 827 篇。如图 7-2 所示，由于限定在教育领域中的场所感，只形成 1 个共被引聚类，即 sense of place。但从聚类标签说明中的关键词 sense、place、urban、impact、youth、education、environmental 等，可以看出教育领域中场所感研究主要与场所感、城市研究、环境影响、青少年、教育等有紧密联系。这说明教育领域中场所感的研究基础为场所感与环境研究，同时也要借鉴人文地理学、环境生态学、城市景观设计等领域的研究方法与成果。这也验证了文献选择的针对性，即对场所感与校园环境的关注。

② 作者共被引分析。

作者共被引是指两个作者共同被其他文献引用的现象，对其进行分析可以揭示某个研究领域的学术共同体[10]。通过对作者共被引分析，合并节点 175 个、连线 487 条，如图 7-3 所示。从图 7-3 中可以看出，排名前 3 位的重要作者为 Tuan（左下角的 Tuan YF 和 Tuan Y、TuanY-F 是同一人）

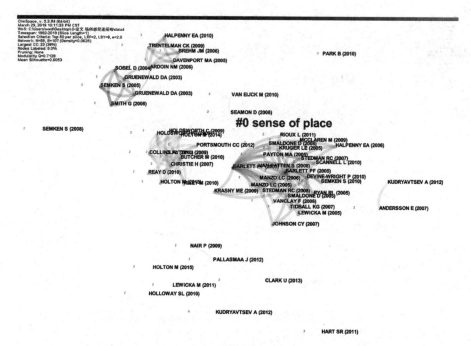

图 7-2　教育领域中场所感研究文献共被引网络图

共被引 39 次、Gruenewald 共被引 20 次、Relph 共被引 18 次。

　　Tuan（段义孚）是美籍华裔人文地理学家，他认为人文主义地理学是一种揭示"地理活动和现象如何揭示人类意识的质量"和展示"人类经验的模糊性、矛盾性和复杂性"的方法。他于 1974 年首次提出 Topophilia，中文译为"恋地情结""亲地方性""乡地性"等，他于 1978 年出版著作 *Space and Place—the Perspective of Experience*，其中详细阐述了他的主要观点，即空间意味着自由，地方（场所）意味着安全。我们既想要安全，又想要自由；地方（场所）是强调特定空间中人的情感和关系的意义中心或区域[11]。Gruenewald 是加拿大湖首大学环境教育研究院的教授，他主要研究基于场所的环境教育，提出批判性场所教育学，强调以场所为基础的非殖民化和"再生"的双重目标[12]。Relph 是加拿大人文地理学家，主要研究地理现象学和经验基础，以及详细的场所感及其体验方式。1976 年，他出版著作 *Place and Placelessness*，在场所研究理论中引起很大反响[13]。

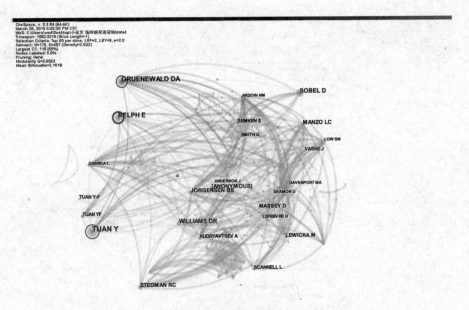

图 7-3　教育领域中场所感研究作者共被引网络图

（3）相关研究热点

一个学科的研究热点以前沿表现为涌现的施引文献群组、施引文献中使用的突显词或突显词的聚类来体现[14]。运用 CiteSpace 对 132 篇文献进行关键词共现分析，Q 值为 0.424 7，$EG\ Q > 0.3$，S 值为 0.442 9，$EG\ S < 0.5$，节点 38 个，连线 111 条。可以发现，关键词共现网络中主要包括场所感（30）、场所（16）、教育（15）、认同（10）、社区（9）、高等教育（8）、体验（7）、空间（7）、学生（6），此外还有知识、环境教育、感觉、建筑、意义、参与、移动、挑战、学校、场所开发、学习空间、学习环境等。从这些关键词共现网络图中可以发现具体的研究热点和研究领域，"场所感、场所、认同、社区、依恋、空间、场所开发、学习空间、意义、体验、参与"等关键词体现了场所感研究的具体内容；而"教育、高等教育、学生、环境教育、学校、学习环境"等关键词则体现了场所感研究的具体领域。

如图 7-4 所示，在关键词共现网络时间线图谱中，S 值为 0.442 9，虽然 S 稍小于 0.5，但产生的 5 个聚类还是比较有说服力的，即 #0 为高等教育，#1 为学习空间，#2 为环境教育，#3 为场所依恋，#4 为建筑。从时间维度来看，聚类"高等教育"（2011—2018 年）说明教育中的场所感研究主要在高等教育中进行；聚类"学习空间"（2016—2018 年）说明场所感与学习空间相结合的研究开始得较晚，属于研究前沿；聚类"环境教育"（2008—2017 年）说明运用场所感理论进行环境教育的研究是教育领域中场所感研究的一个分支，并且也是教育领域中开始得最早的相关研究；聚类"场所依恋"（2012—2019 年）属于研究的内容维度，场所依恋是场所感理论的重要内容之一；聚类"建筑"（2017—2018 年）说明了场所感研究的影响因素，也是我们当前校园学习空间中面临的最重要的方面，即均质化建筑对学生场所感的影响。具体从被引的排名前 10 的文献来看，主要包括科学教育方面[15]、环境教育[16]-[18]、地理教学[19]-[20]、技术应用[21]、研究方法[22]-[23]，还有专门讨论远程教育中场所感的问题[24]。

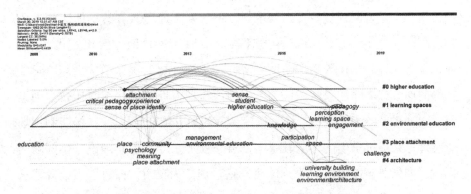

图 7-4　教育领域中场所感研究关键词共现时间线网络图

7.2.2　国内研究现状

为了了解国内教育领域中的场所感研究现状，以 CNKI "文献" 为数据源，时间截至 2019 年 7 月 30 日，以 "主题" 检索方式，分别以 "场所感、地方感" + "校园、学校、教育、高校" 的方式进行检索，共检索到 85 篇文献。经数据清洗后，剩下样本文献共 15 篇。从研究内容来看，研究大致可以分为三类：第一类是关于校园空间环境的研究，如邢海波利用场所感理论解决高校学生住区公共空间现存问题，从构建核心公共领域、把握融合与渗透、以步行环境为主体、延续历史氛围等方面提出了高校学生住区公共空间的场所营造策略[25]；刘端端研究得出教学楼公共空间的场所感形成，与空间形态和层次划分、界面的组织及辅助设施的引导这三方面因素所引发的人与环境间的物质、信息、能量的流动有着重大关系[26]；韩宁从场所感角度对校园景观进行设计，提出应从人地情感，即美学、感官、情感等多维度出发，分析人们认同地方、认识地方、构建地方意义的过程[27]；王君策、陈雪探讨了影响民族院校大学生地方感（场所感）形成机制的因素，为校园文化建设和学生管理工作提供改进措施[28]。第二类是基于场所的乡土教育、地理教育、环境教育，如张瑞红等关注教育在青少年地方感建构中的作用，并比较教育和个人与地方的关联程度、家庭和社会环境对地方感建构的差异[29]；肖丹将乡土地理教育与青少年地方感建构相结合，进行课程资源整合与设计，探讨乡土地理教育的具体实施方法和过程[30]；方琦认为，应该在地理教育中加强对"地方意识"的渗透，依托乡土地理教学培养学生的地方情感[31]；马小雪、袁孝亭认为培养学生良好的地方感需要注重区域地理基础知识与地方性知识联系与比较，创设与学生动机系统相一致的、体现国家情怀的地方依恋教学[32]；杨萌利用场所感理论来促进学生的环境教育[33]。第三类是关于场所感理论基本问题的探讨，如张奥童以梅西的"全球地方感"理论为视角，探讨了当前既要求人们放弃一种安稳的家园感又希望创造新的归属感的难题[34]；洪如玉从地方视角重新审视教育学，提出了地方教育学的概念[35]；此外，还有讨论高新区建设对周边高校学生场所感的互动影响[36]-[37]。总体来说，国内教育中的场所感研究起步较晚，文献总量较少，研究范围较窄，在研究内容和方法方面还不够深入与系统。

对以上国内外文献分析得出，虽然教育领域中的场所感研究还处于逐步发展阶段，研究主题还相对比较分散，关于学习空间中场所感的研究则更加少见。但场所感研究的跨学科特性为学习空间研究提供了新的理论视角，并且为学习空间的场所感研究提供了可借鉴的理论基础和学科联系。

7.3　学习空间中的场所感

当前，在新兴技术与教育的深度融合背景下，教育时空发生了重大转变，教育研究中的空间观越来越多，使得教育的空间转向正不断迈向深入。教育研究要实现空间转向，就要树立空间观念，在教育研究中充分运用空间理论，即用空间视角去观察，用空间思维去理解，用空间维度去表述。校园学习空间由众多学习场所组成，是教育中最基础、最重要的组成部分，是实施空间转向研究的天然对象和实现途径。

7.3.1　空间研究中的场所感

Bott 指出场所感是指人对特定场所的一种情感依恋，是人们对场所的主观感觉结构[38]。美籍华裔人文地理学家 Tuan（段义孚）认为，场所是强调特定空间中人的情感和关系的意义中心或区域[39]。加拿大人文地理学家 Relph 指出，场所不应单从区位、景观上来定义，场所是人类经验的中心，充满着人类生活世界的经验和情感[40]。Steele 认为场所感是一个体验过程，是由环境和人所带入环境的事物组合在一起而创立的[41]。换句话说，我们自己创造了场所，它们不能脱离我们而单独存在。可见，场所不同于一般意义上的空间，二者之间有很大的区别。场所是人们在与环境交互过程中，产生的基于某地的特别情感和关系，随着依恋意义和价值的建立，空间才变成了特定的场所。换言之，场所是有意义的空间。

场所感同时具有物理与社会维度，既受特定的物理场所、地点影响，又需要场所、地点意义的社会解读。Relph 将场所感区分为场所依恋和场所意义。场所依恋代表了人与场所之间的联系，场所意义是场所的本质或场所的象征性联想，定义了人们的个人和文化身份[42]。Williams 等将场所依恋分为场所依赖和场所认同两个维度，场所依赖是指人对场所的功能性依恋，场所认同是人对地方的情感性依恋[43]。不同研究者对场所感的结构维度有不同的理解，普遍得到认可的是 Jogensen 等提出的场所感三维度，即场所依恋、场所认同和场所依赖。场所依恋是指对一个场所的情感；场所认同是指人们对场所与自我关系的信念；场所依赖是指场所相对于其他场所而具有的支持或限制某种行为发生的功能[44]。

如图 7-5 所示，场所感是一个包括场所依恋、场所认同和场所依赖三个主要维度和多个次要维度的复杂概念。场所依恋是和人的情感和兴趣相关的维度；场所认同是与场所象征性和意义相关的维度；场所依赖是和场所的功能和独特性相关的维度。通过对这三个维度的控制及干预，可以有效增强体验深度，促进人与场所的互动关系，从而提高场所感。

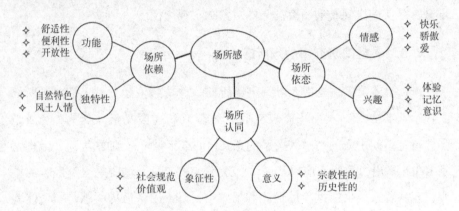

图 7-5　场所感及其结构

7.3.2　作为场所的学习空间

学习空间泛指学习发生的场所，校园是最主要的学习场所。校园学习空间作为学习发生的特定场所，具备场所感所强调的物理和社会维度。一方面，校园学习空间由一个个具体场所组成，是由多个正式与非正式场所组成的空间集合。陈向东等提出了校园学习空间连续体的概念，他认为校园学习空间是包括课堂、研讨型教室、实验室、图书馆、咖啡馆、餐厅、宿舍、操场、草坪等所有可能发生学习的场所，是与学习经验紧密联系的一体化空间[45]，这些场所的物理特征直接影响着学生的学习体验与感受。另一方面，校园学习空间是一个社会互动、重视差异的地方，通过话语促进学习，并致力于社区内人们的教学和学习、研究和公共服务[46]。校园中各个学习场所对学生的学习起到不同的支持作用，学习的实质即是这些场所中所发生的一切社会互动总和。校园学习空间通过建筑和景观设计诉说着她的教育意义，既是文化的体现，又是精神的象征。学生在校园中的学习过程不仅仅是时间上累积，更是无数个瞬间的空间凝固。学生在校园场所的互动过程中形成对特定场所的情感依恋，并建立特定的意义与价值，就形成了校园场所感。校园场所感与学生的学习体验相互作用，相互促进，Okoli 通过研究得出，学生校园场所感和学生投入有很高的相关性[47]。因此，校园学习空间本质上是学习场所的连续体，校园学习空间通过不同功能的场所来传达精神，实现育人功能，如图 7-6 所示。利用场所感理论来分析学习空间，具有内在合理性和必要性。

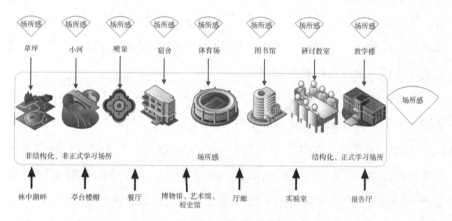

图 7-6　校园学习空间的场所连续体

7.3.3　学习空间的时空转变

随着全球化浪潮的席卷和城市问题的加剧，后现代空间理论应运而生，强调多方位、多层面、多论点的想象画面，以哈维、福柯、苏贾等人为代表[48]。其中，哈维在论述社会时空构成时提出，随着人们生活步伐的加速，会出现时空压缩和时空修复现象。时空压缩是指随着科技的进步，社会空间的距离日益缩小，社会时间的花费也在逐渐缩短。时空修复是指社会时间可以创造新的社会空间，而社会空间形态的改变也会为发展赢得更多的社会时间[49]，如图 7-7 所示。图 7-7（a）是哈维论述时间消灭空间在交通方面的世界缩略图，随着技术的发展、新型交通工具的出现，将会加剧这一现象。图 7-7（b）是技术在教室方面的发展过程，教室虽然是一个微型空间，但技术的作用同样使得这个微型空间发生了大量时空压缩现象。例如课堂的即时反馈技术、即时投屏技术、翻转课堂教学模式，为学生和教师节省了更多的教育时间，节省的教育时间可以用来开展更多的小组协作和师生互动活动，从而创造出了更多的教育空间。未来，随着5G、物联网、大数据、云计算等信息技术与教育的深度整合，教育时间与空间将会不断发生转变，时空压缩与时空修复现象还会继续。校园中用于信息显示的高清电子屏、校园官方的微信公众号、微信校园卡、移动图书馆、校园地图导航等技术和应用的大量使用，以及情境感知、实时诊断、精准推送技术进一步提高了效率，从而使人们有更多的教育时间来进行其他教育活动，赢得新的教育空间。

此外，随着 5G 移动通信技术的快速发展，以物联网技术、AR、人工智能技术等为代表的新技术在教育中的深度应用，大大加快了智慧校园建设的步伐，学习空间重构进入了人工智能的时代[50]，未来学习空间将嵌入大量智能元素，实时进行数据采集、处理与分析，再进行智能化服务推送[51]。5G 技术的加入将使未来智能化教室功能更加智能，全面引入声控、触屏、体感乃至脑控等技术[52]，助力学习空间更具交互化[53]，使校园管理更加智能化[54]，虚实结合的智适应平台[55]将进一步提高效率，拓展学习空间。可见，5G 将会带给我们一个全新的教育时空，如何更好地利用技术来促进教育目标的实现，进行时空修复，将是学习空间研究的重要课题。

7.4　学习空间中场所感的促进策略

场所感为学习空间研究提供了新理论视角，文献分析也发现了研究者

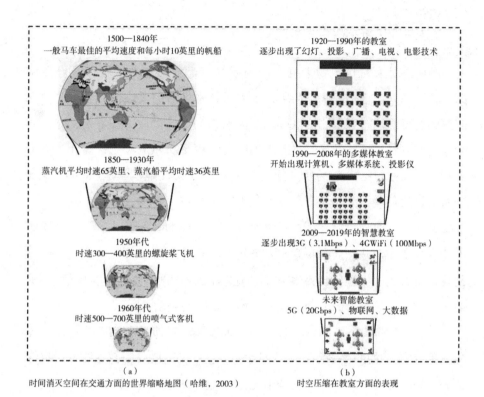

（a）

时间消灭空间在交通方面的世界缩略地图（哈维，2003）

（b）

时空压缩在教室方面的表现

图 7-7　时空压缩示意图

利用技术促进场所感的研究，如利用增强现实技术设计的导览系统用于增强学生的场所感，可以有效地增强校园历史遗迹的场所感[56]；利用 ArcGIS（一个面向用户的收集、组织、管理、分析、交流和发布地理信息的系统）信息收集器能够收集多感官场所的数据，为教师提供基于场所的相关研究的数据解决方案[57]。这些将技术应用于场所感领域的研究为我们在学习空间重构和智慧校园建设过程中提供了有益的实践经验。在 5G 等新兴技术与教育深度融合的时空背景下，如何利用技术促进现有学习空间的场所感，解决当前学习空间中存在的问题，具有重要的实践意义。技术可以在场所氛围营造、场所体验增强等方面具有优势功能，有助于场所感的生成与发展，下面根据场所感的生成机理来阐明场所感的技术促进策略。

7.4.1　场所感的生成机理

场所感是人对特定物理场所的情感性依恋、功能性依赖和身份性认同。其中，人是首要因素，场所感是人对物理场所的反应或感受，这种反应或感受可能是有意识的，也可能是无意识的；其次，场所是人反应或感受作用的对象，场所既可能有助于也可能约束场所感的产生；此外，除了人和场所，还包括人与场所之间的互动过程。人文地理学家 Relph 指出，场所由物质环境、活动和意义三个基本要素组成，但场所感并非存在于这些要素之中，而是它们之间的相互交织[58]。Garnham 和 Harry 归纳出场所由静态的实体设施、活动和意义三个基本部分组成[59]。可见，场所不仅仅是我们所看到的物理特性及其功能，还包括隐含的社会影响和象征意义，最重要的是基于场所的活动，即人与场所之间的互动过程。

Scannell 和 Gifford 提出了场所感三维模型，场所感包括人、场所、过程三部分[60]，如图 7-8 中的左半部分所示，"人"既受宗教性的、历史性的团体和文化背景影响，也受个体经验、意识和重要事件影响；"过程"包括情感、认知和行为三个维度，情感是在场所互动过程中体验到的快乐、骄傲和爱等，认知是关于场所认知过程中涉及的记忆、知识、纲要和意义等，行为是场所互动过程中形成的包括对场所的亲近-保持、场所再造等；"场所"包括物理性特征和社会性区域、标志的体现。这个场所感的三维模型不但说明了场所感的生成过程，而且阐明了影响这个过程的每个维度上的具体因素，可以通过对这些因素施加控制来促进或限制场所感。因此，场所感是人、场所和活动三者相互交叉形成的主观感觉。场所是场所感的着力点，人即着力的来源，活动即着力的过程。

Soini 等人认为，场所感与场所体验密切相关[61]，是通过对场所的关注和情感投入获得的。所以，依据关注和投入的多少，场所感有强烈程度之分。Shamai 将场所感分为七个等级，由弱到强依次为：没有任何场所感（not having any sense of place）、知道所在的场所（knowledge of being located in a place）、归属于一个场所（belonging to a place）、依恋于一个场所

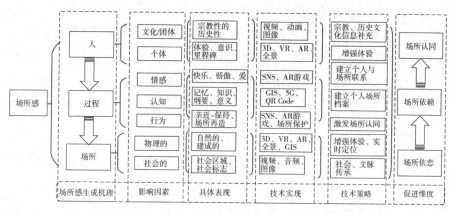

图 7-8   场所感的生成机理及其技术促进策略

（attachment to a place）、认同一个场所的目标（identifying with the place goals）、投入一个场所中（involvement in a place）、为一个场所献身（sacrifice for a place）[62]。Hummon 在研究一项社区情感研究中依据感情的深浅程度将场所感分为无场所（placeless）、相对的（place relative）、疏远的（alienated）、思想根植性的（ideological rootedness）、日常根植性的（everyday rootedness）[63]。Hay 也将对一个地方的场所感的根植性强弱分为表面的（superficial）、部分的（partial）、个人的（personal）、祖籍的（ancestral）、文化的（cultural）[64]。此外，场所感还与场所的互动时间有关，在场所互动的时间长、频率多，场所感更容易生成，否则反之。场所感由弱到强的不同层次说明了人从对场所"毫无场所感"到"为场所献身"的不同类型，揭示了人对场所的认知过程，也是人的场所感的发展过程。

可见，场所感的发展是从初始的功能性场所依赖，经过观念上的认同过程，上升到中间层次的场所认同，再上升到情感上的场所依恋，如图 7-8 最右列所示。

7.4.2   学习空间中场所感的技术增强

理清场所感的基本要素、具体的影响因素及生成机理后，通过对这些过程施加控制可以达到促进或限制场所感的目的。场所感的技术促进策略

即通过技术的优势功能对场所感生成过程中的某些要素、因素及环节施加控制，以达到促进场所感生成、发展的策略、方法或途径。在校园学习空间中，可以根据校园各个学习场所的特征、学生的特征及基于场所的各种活动入手，运用技术方式促进学生对特定学习场所的情感依恋、功能依赖和场所认同。

(1) 场所感促进维度

学生的校园场所感是学生对校园学习场所的情感依恋、身份认同与功能依赖。在校园学习空间的设计与开发过程中，我们需要从这三个维度去营造学习空间的场所感，以促进学生场所感的提高，如图 7-8 最右列所示。Chang 等人提出了一个基于场所感的 AR 导览系统设计框架[65]，对我们有较大的借鉴意义。首先，在场所依恋的维度上，我们需要将个人特征与场所联系起来，与场所建立一种情感纽带，以增强学生对特定场所的兴趣，提高场所体验，丰富场所记忆；其次，在场所依赖的维度上，要展示出场所的独特性，特别是场所的独特性功能，通过趣味性的活动吸引学生多参与基于场所的活动，鼓励学生与场所积极互动，创造意义；最后，在场所认同的维度上，要将场所的历史和地理信息，特别是场所发展演进的历史意义、文化特征及象征意义等以最佳形式表现出来，建立自我价值观念与场所意义的连接，激励对场所的认同。

(2) 场所感促进策略

由 Scannell 和 Gifford 的场所感三维模型得出，学生场所感的形成机制包括人、过程、场所三个基本元素。如图 7-8 左半部分所示，技术可以围绕场所感的基本元素及每个元素的影响因素来促进学生的场所感。首先，学生是学习空间场所感中"人"的元素，学生的背景特征影响着其场所感的生成与发展，利用技术依据学生群体的特点呈现场所的视觉补充信息，让学生了解场所更多的背景信息，同时可以利用 3D、VR、AR、全景等技术增强学生的场所体验，有助于增加对场所的兴趣和情感依恋。其次，各个学习场所是学习空间中的"场所"元素，也是场所感生成的重要元素。场所包括物理性的特征和功能，也包括心理性的场所精神和象征意义。在校园学习空间中，不论是正式学习空间，还是非正式学习空间，在保证物理性功能的基础之上，要充分将场所精神和象征意义表达出来，要通过场所营造将学校精神表达出来。最后，"过程"即学生对学习场所的认知过程，表现为基于场所的活动，可实现对场所由浅入深的感知、认知和自觉行为。利用 AR、VR、全景等技术可以增强学生的场所体验，通过趣味性的活动激发学生与场所的互动行为。

设计基于场所的各种活动过程中，技术在呈现场所精神和意义表达方面具有优势，如利用视频、图片、动画等媒体形式，采用情景剧或电影等方式展现与场所相关的历史、文化和社会意义，让学生对场所隐含的精神有更深层次的理解和认同。如扫描二维码了解场所的背景信息和活动信息，使学生更愿意参与基于场所的活动中，从而促成学生的场所维护、保持、更新等认同行为。

三个元素方面的技术促进并非独立进行，三者相互交叉、互有重叠，但是为了共同的目的，对于学生来说，促进的目标是激发其对学习场所的兴趣，促进其对学习场所的深度理解，形成对场所的认同行为；对学习场所来说，促进的目标是为了充分呈现场所的功能特性、场所精神和象征意义，让学生达到对场所的深度理解；对过程来说，促进的目标是让学生对场所的认知过程更有趣，循序渐进，增强体验，更乐意参与，提升认知过程的质量。

(3) 与场所相关的关键技术

在运用技术促进场所感的过程中，增强现实（AR）、虚拟现实（VR）和 360°全景、全球定位系统（GPS）、地理信息系统（GIS）、二维码（Quick Response code）等是具有场所优势的关键技术。这些技术大致分为三类：第一类是增强体验感的技术，如 AR、VR、360°全景等技术，通过对现实的模拟、叠加显示，创造出一种全方位、逼真的现场感，甚至是现实与虚拟的叠加，极大地增强人与场所的互动。第二类是与场所定位相关的技术，如 GPS、GIS、ArcGIS、Gimbal（一个综合的近距离情境感知平台）等，这些技术可以帮助人们实时定位和感知情境，将定位与信息呈现相结合，可以及时了解场所相关的历史、文化、场所活动等信息，促进对场所精神和象征意义的深度理解，从而建立人与场所的联系，促进人对场所的认同。第三类技术是对场所起到基础支撑作用的技术，如 5G、物联网、云计算、大数据等，这些技术虽然不是直接与场所相关，却为前两类技术功能很好的实现提供了基础支撑，特别是 5G 所具有的关键技术特性，如峰值数据速率可达 10Gbps、用户体验数据速率达到 100Mbps、延迟时间低至 1ms，以及在频谱效率、移动性、连接密度、区域通信能力等方面都远远优于 4G 技术[66]，这些技术特性使场所定位、情境感知、及时诊断与精准推送成为可能，为学习空间场所感的促进提供了技术保障。

当前，随着 5G 时代的到来，智慧建校建设、智能学习空间重构迎来了重大发展机遇，充分利用与场所相关的技术营造校园学习空间，可以将物理功能与学校精神、社会文化完美统一。通过充分发挥技术在信息呈现、增强体验、情境感知、场所定位、营造网络空间等方面的功能，让校园学习空间成为学生想去、能去、愿去的场所，从而促进生学对学校的归属感和认同感，提高学生的学习投入。

总之，随着教育时空的转变，今后我们应更多地从空间视角去研究教育，用空间思维和空间行动去解决教育问题，还教育本来的丰富画面。智慧校园建设和学习空间重构可以成为教育研究中空间转向的"实验田"和实现路径，以此为契机，运用场所感这一新的理论视角对学习空间进行更深层次的理论探析。未来，需要从城市场所发展的视角深入剖析场所感理论的发展进程，为学习空间的场所感研究提供更多的理论解析；同时也要从实践维度，充分利用 5G、AR、VR、GIS 等具有场所优势功能的技术开发基于场所的技术案例，为教育领域中的场所感研究提供更多的实践案例。

参考文献

[1] 赵瑞军，陈向东. 学习空间对教师教学行为影响的研究——基于华东师范大学的"新型学习空间" [J]. 远程教育杂志，2017，35（04）：

77-86.

[2] 刘华春. 场所精神的创造与体验 [D]. 呼和浩特：内蒙古师范大学，2010：11.

[3] Sturner W F. Environmental Code: Creating a Sense of Place on the College Campus [J]. Journal of Higher Education, 1972, 43 (2): 97.

[4] 杜威. 学校与社会——明日之学校 [M]. 赵祥麟，等，译. 北京：人民教育出版社，2005：252-280.

[5] 苏尚锋. 学校空间论 [M]. 北京：教育科学出版社，2012：53-56.

[6][7] 田晓伟. 论教育研究中的空间转向 [J]. 教育研究，2014，35 (05)：11-18.

[8][44] Jorgensen B S, Stedman R C. Sense of place as an attitude: lakeshore owners attitudes toward their properties [J]. Journal of Environmental Psychology, 2001, 21 (3): 233-248.

[9][10][14] 陈悦. 引文空间分析原理与应用 [M]. 北京：科学出版社，2014：16-70.

[11][39] 段义孚. 空间与地方：经验的视角 [M]. 北京：中国人民大学出版社，2017：10-11.

[12] Gruenewald D A. The best of both worlds: a critical pedagogy of place [J]. Educational Researcher, 2003, 32 (4): 3-12.

[13][40][42][58] Relph, Edward. Place and placelessness [M]. Vol. 1. Pion, 1976：1-8.

[15] Semken S, Freeman C B. Sense of place in the practice and assessment of place-based science teaching [J]. Science Education, 2008, 92 (6): 1042-1057.

[16] Kudryavtsev A, Marianne E. Krasny, Stedman R C. The impact of environmental education on sense of place among urban youth [J]. Ecosphere, 2012, 3 (4): art29.

［17］Ardoin N M, Schuh J S, Gould R K. Exploring the dimensions of place：a confirmatory factor analysis of data from three ecoregional sites. ［J］. Environmental Education Research, 2012, 18（5）：583-607.

［18］Kudryavtsev A, Stedman R C, Krasny M E. Sense of place in environmental education ［J］. Environmental Education Research, 2012, 18（2）：229-250.

［19］Daniels S. Place and the Geographical Imagination ［J］. Geography, 1992, 77（4）：310-322.

［20］McDowell, Linda, et al. Place, class and local circuits of reproduction：exploring the social geography of middle-class childcare inLondon ［J］. Urban Studies. 2006：2163-2182.

［21］［56］［65］Chang Y L, Hou H T, Pan C Y, et al. apply an augmented reality in a mobile guidance to increase sense of place for heritage places ［J］. Educational Technology & Society, 2015, 18（2）：166-178.

［22］Holton M , Riley M . Talking on the move：place-based interviewing with undergraduate students ［J］. Area, 2014, 46（1）：59-65.

［23］Goel L, Johnson N A, Junglas I, et al. From space to place：predicting users' intentions to return to virtual worlds ［J］. Mis Quarterly, 2011, 35（3）：749-772.

［24］Dibiase, David. Is distance education a faustian Bargain? ［J］. Journal of Geography in Higher Education, 2000, 24（1）：130-135.

［25］邢海波. 基于"场所营造"的当代武汉高校学生住区公共空间研究 ［D］. 武汉：华中科技大学, 2011：Ⅰ.

［26］刘端端. 武汉高校公共教学楼公共空间场所感研究 ［D］. 武汉：华中科技大学, 2012：71.

［27］韩宁. 基于地方认同视角的中学校园景观设计研究 ［D］. 广州：华南理工大学, 2016：80.

［28］王君策, 陈雪. 民族院校大学生校园地方感形成机制研究——以

西南民族大学为例［J］. 旅游纵览（下半月），2016（06）：241 -243，245.

［29］张瑞红. 乡土教育在青少年地方感建构中的作用——以苏州吴中东山中学乡土教育对学生地方感建构作用为例［A］//中国地理学会. 地理学核心问题与主线——中国地理学会 2011 年学术年会暨中国科学院新疆生态与地理研究所建所五十年庆典论文摘要集［C］. 中国地理学会：中国地理学会，2011：2.

［30］肖丹. 乡土地理教育对青少年地方感的影响研究［D］. 南昌：江西师范大学，2014：I.

［31］方琦. 地方意识在地理教育中的渗透［J］. 地理教学，2016（10）：7-10，21.

［32］马小雪，袁孝亭. 初中地理教学中学生地方感的培养［J］. 地理教学，2017（10）：12-15.

［33］杨萌. 地方感在环境教育中的应用［J］. 环境教育，2017（Z1）：62-64.

［34］张奥童. 地方与认同［D］. 南京：南京大学，2017：53.

［35］洪如玉. 教育新思维：地方教育与地方感［J］. 北京教育（普教版），2017（09）：14-17.

［36］于良全，陈俊彦，邹雯婷，等. 高新区发展对周边高校学生地方感的影响研究——以长沙高新区为例［J］. 科技和产业，2013，13（12）：1-6.

［37］陈俊彦，陈丹，龙丁江，等. 高新区周边高校学生的地方感研究——以上海张江、紫竹高新区调研为例［J］. 科技和产业，2015，15（04）：88-93.

［38］Bott，Suzanne Elizabeth. The development of psychometric scales to measure sense of place［D］. Colorado State University，2000：95.

［41］Steele F. The sense of place［M］. CBI Publishing Company，1981：12-14.

［43］Williams D R，Patterson M E，Roggenbuck J W. Beyond the commodity，metaphor：examining emotional and symbolic attachment to place［J］. Leisure Science，1992，14（1）：29-46.

［45］陈向东，许山杉，王青，等. 从课堂到草坪——校园学习空间连续体的建构［J］. 中国电化教育，2010（11）：1-6.

［46］Keohane N O. Higher ground：ethics and leadership in the modern university［M］. Durham：Duke University Press，2006：80.

［47］Okoli D T. Sense of place and student engagement among undergraduate students at a major public research university［D］. Colorado：Colorado State University，2013：121.

［48］石艳. 我们的"异托邦"：学校空间社会学研究［M］. 南京：南京师范大学出版社，2009：30-36.

［49］王晓磊. 社会空间论［M］. 北京：中国社会科学出版社，2014：104-120.

［50］塔卫刚，张际平. 我国学习空间研究的进展与前瞻——兼论"人工智能+教育"视域下学习空间未来发展［J］. 远程教育杂志，2018，36（06）：31-40.

［51］许亚锋，高红英. 面向人工智能时代的学习空间变革研究［J］. 远程教育杂志，2018，36（01）：48-60.

［52］朱珂，王玮，杨露彬. "5G+无人机"技术的教与学：场景、路径与未来应用展望［J］. 远程教育杂志，2019，37（4）：33-41.

［53］兰国帅，郭倩，魏家财，等. 5G+智能技术：构筑"智能+"时代的智能教育新生态系统［J］. 远程教育杂志，2019，37（3）：3-16.

［54］张坤颖，薛赵红，程婷，等. 来路与进路：5G+AI 技术场域中的教与学新审视［J］. 远程教育杂志，2019，37（3）：17-26.

［55］卢文辉. AI+5G 视域下智适应学习平台的内涵、功能与实现路径——基于智能化无缝式学习环境理念的构建［J］. 远程教育杂志，2019，37（3）：38-46.

［57］Panek, Jiri, Glass M. Gaining a mobile sense of place with collector for ArcGIS ［J］. Journal of Geography in Higher Education, 2018：1-14.

［59］Garnham, Harry Launce. Maintaining the spirit of place：A process for the preservation of town character ［M］. Arizone, PDA Pub, 1985：67-69.

［60］Scannell L, Gifford R. Defining place attachment：a tripartite organizing framework ［J］. Journal of Environmental Psychology, 2010, 30（1）：1-10.

［61］Soini K, Hanne Vaarala, Eija Pouta. Residents' sense of place and landscape perceptions at the rural-urban interface ［J］. Landscape & Urban Planning, 2012, 104（1）：124-134.

［62］Shamai S. Sense of place：an empirical measurement ［J］. Geoforum, 1991, 22（3）：347-358.

［63］Hummon D M. Community attachment-local sentiment and sense of place ［J］. Human Behavior & Environment Advances in Theory & Research, 1992, 12：253-278.

［64］Hay R . sense of place in developmental context ［J］. Journal of Environmental Psychology, 1998, 18（1）：5-29.

［66］袁磊，张艳丽，罗刚. 5G 时代的教育场景要素变革与应对之策 ［J］. 远程教育杂志，2019, 37（3）：27-37.

后　记

　　对于现在的学生来说，能坐在智能、舒适、灵活、互动的智慧教室中学习是一件多么幸福快乐的事情！人手一台平板电脑、舒适的桌椅、灵活的布局、多视角的屏幕呈现、无线网络的覆盖为教与学提供了无限可能。这些在过去不敢想也不会预见到的场景，都要归功于新技术与教室的深度融合，即新型学习空间。

　　新技术带来了空间的改变，但在空间内的教师的教学和学生的学习是否发生了变化呢？若按照麦克卢汉的"四分体"说①，新型学习空间或许能创造出新的教与学模式，取代传统的教与学模式，抑或是使传统的教与学模式获得新生，还是为未来孕育全新的教与学模式而奠定基础？带着这些思考，开启了我的研究之路。

　　这个研究主题缘起 2014 年，我到华东师范大学访学，师从张际平教授。当时张老师带领的"未来课堂"研究团队已在该领域探索近五年时间，在理论方面取得了较大进展，他们设计开发的新型学习空间在国内起到了一定的示范效应，现在已推广到国内许多学校中。我当时对这个研究主题惊奇且激动，原来教室可以这么现代化、智能性、人性化，当时我就认为这是一个很有意义的研究，对此也非常感兴趣。2015 年，我攻读博士

---

　　① 马歇尔·麦克卢汉（Marshall McLuhan），加拿大媒介理论家，"四分体"是论述新技术带来的 4 个结果：创造新事物、取代旧事物、使某些旧事物获得新生、为更新的技术奠定基础从而也使自身淘汰。

时，师从陈向东教授，陈老师也是"未来课堂"研究的核心成员，对新型学习空间的发展理论与实践也有独到的见解，这使得我可以在这个研究领域继续深入。本书的主要内容就是在访学和读博期间的主要学习成果，这与张际平老师和陈向东老师的指导是分不开的，在此，向两位尊敬的老师表达最真诚的谢意。

在研究之初，我有一个疑问："新型学习空间中的技术运用是不是我们重点关注的内容？"陈老师说："技术的泛化形成新的空间。"我当时对这个解释似懂非懂。但随着研究的不断深入，我越来越真切地感受到了这句话的含义。技术发展日新月异是不争的事实，而且在可预见的未来，技术必将持续更新。未来，脱离技术的空间不复存在，新兴技术会与空间深度融合，新型学习空间的形态也必将不断更新，空间也因技术的加持，其功能、效率、效果会越来越好。可以说，未来的学习空间是技术泛化的空间，学习空间的发展也只有进行时态，没有完成时态，这是每一个从教者应该抱有的态度，面对技术的扑面而来，我们要做的是主动适应和主动求变。正如书中所述，新型学习空间提供了学习发生的可能性，若要真正发生，还需要教师主动改变教学方式，以及学生的积极参与。

未来的学习空间是支持多元学习场景的。David Thornburg 把学习场景趣解为"营火""水源""洞穴"和"生活"①，对应现代教学中的讲座学习、同伴合作、反思学习、生活实践四种学习场景。技术化使这四种学习场景发生了重要变化，形成了新的技术化的"营火""水源""洞穴"和"生活"。但是这些技术化的场景显然没有取代旧的教与学模式，更多的是强化了传统的教与学模式，使传统教学模式获得了新生（新瓶装旧酒）。而我们希望看到的是新型学习空间创造性地带来新的教与学模式。如同David Thornburg 所说，对于教师和学生来讲，单一的场景功能有限，最重

---

① 戴维·索恩伯格（David Thornburg），他在《学习场景的革命——从营火到全息甲板》一书中把学习场景趣解为"营火""水源""洞穴"和"生活"。其中，"营火"类比古人围坐在营火旁听故事的场景，比喻现代教育中的学生在课堂上听讲的场景；"水源"类比古人结伴寻找水源的场景，比喻现代教育中的学生与同伴在社交中相互学习的场景；"洞穴"类比古人洞穴冥思的场景，比喻现代教育中学生反思所学知识，进行认知建构的场景；"生活"类比古人在实践中制作工具和物品的过程，比喻将所学知识投入有意义的实际应用中，学以致用的场景。

要的是四种学习场景的相互融合，教学效果才最显著，未来的学习空间应该是"教学全息甲板"———一种支持多元学习场景的、开展无数次任务、进行无数次冒险的虚拟学习环境，这与时下炙手可热的元宇宙概念不谋而合。兴许我们可以这样理解，现阶段学习空间是为更新的技术奠定基础的过程。

伴随技术的更新，我们也会持续关注学习空间的发展，期待技术赋能空间，空间赋能教育，教育赋能人的发展。

最后，感谢文中案例涉及的教师和同学对本项研究的大力支持；感谢我所在的嘉兴学院平湖师范学院的资助；同时感谢人文在线范继义老师对本书出版提供的帮助，以及为本书出版提供帮助的各位朋友。

赵瑞军　陈向东

2022 年 6 月 6 日